고독사·쓰레기집·위기 현장 청소 실무 가이드

특수청소 매뉴얼
The Special Cleaning Manual

초판 1쇄 발행 2025년 5월 14일

지은이 성시화, 최근영, 정근원, 신예지
펴낸이 김봉윤
펴낸곳 씨이오메이커(ceomaker)
출판등록 제2013-23호

편집장 민보윤
편집디자인 박예은
교정교열 김봉수

주소 서울특별시 관악구 국회단지 20길 16, 101호
전화 02-877-7814
팩스 02-877-7815
이메일 ceomaker79@gmail.com
홈페이지 www.ceobooks.kr

ISBN 979-11-91157-15-4 (13320)
값 25,000원

잘못된 책은 구입하신 곳에서 바꾸어 드립니다.
이 책에 실린 모든 내용, 디자인, 이미지, 편집 구성의 저작권은 도서출판 씨이오메이커와 저자에 있습니다.
허락 없이 복제하거나 다른 매체에 옮겨 실을 수 없습니다.

고독사·쓰레기집·위기 현장 청소 실무 가이드

특수청소 매뉴얼
The Special Cleaning Manual

성시화·최근영·정근원·신예지 공저

- 특수청소의 기본 개념과 필수 장비 소개
- 고독사, 쓰레기집, 자살·범죄 현장 청소 프로세스
- 청소 비용 산정, 고객 상담 방법과 안전 수칙
- 특수청소관리사 자격 및 창업

특수청소 실무 경험이 부족한 초보자부터,
사업을 확장하려는 전문가까지 반드시 읽어야 할 실용 지침서

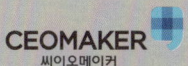
CEOMAKER
씨이오메이커

●

**행복한 삶은
우리가 머무는 공간에서
시작됩니다.**

주거환경은 단순히 생활의 터전이 아니라, 건강과 마음의 평화를 결정짓는 핵심 요소입니다. 그러나 모든 공간이 항상 깨끗하고 쾌적한 상태로 유지되는 것은 아닙니다. 고독사 현장, 범죄나 사고로 방치된 장소, 쓰레기로 가득 찬 집 등, 우리 주변에는 특별한 관리와 복구가 필요한 공간들이 존재합니다. 이러한 환경을 다시 새롭게 만들고, 삶의 터전을 회복시키는 것, 그것이 바로 특수청소의 역할입니다.

특수청소는 표면을 정리하는 작업에 그치지 않습니다. 복잡하고 민감한 상황에 직면했을 때, 이를 기존의 상태로 복구하고 새로운 환경으로 탈바꿈하기 위해서는 전문적인 기술과 깊이 있는 지식이 필수적입니다. 그러나 현실은 그리 녹록지 않습니다. 현재 우리나라의 특수청소 종사자 및 전문가는 매우 부족한 상황이며, 이를 체계적으로 지원할 전문교육 시설과 강사진도 턱없이 부족합니다. 이러한 한계로 인해 일부 현장에서는 경험과 상식에 의존한 주관적인 방식이 적용되거나, 왜곡된 작업 방식이 매뉴얼처럼 전해져 오고 있습니다. 이로 인해 체계적이지 못한 작업 방식이 누적되면서, 특수청소의 본질과 가치가 제대로 반영되지 못하는 사례도 적지 않습니다.

즉, 특수청소는 기술적·과학적·친환경적 접근이 요구되는 고도의 작업이기에 전문성과 체계적인 작업을 위해, 특수청소를 담당하는 모든 종사자는 안전한 작업 방식을 숙지하는 동시에, 최신 기술과 장비를 활용할 수 있는 충분한 지식을 갖춰야 합니다. 이를 위해 국가적·사회적 차원에서 특수청소 교육을 지원할 법적·제도적 장치 마련도 시급합니다.

본 교재는 이러한 배경에서 탄생했습니다. 특수청소 종사자의 전문 교육은 물론, 관련 분야의 연구와 사업, 그리고 강사 부족 문제를 해결하기 위한 전문 강사 양성 과정에도 활용될 수 있도록 설계되었습니다. 이 교재는 특수현장에서 발생한 다양한 사례와 데이터를 기반으로 작성되었으며, 독자들이 실제 현장에서 바로 적용할 수 있는 실용적인 정보를 제공합니다. 또한, 특수청소의 전문성과 가치를 실현하기 위한 대안으로써, 현장 종사자들에게 필수적인 도구가 되고자 합니다. 더 나아가, 특수청소를 단순한 작업이 아닌 전문 분야로서 자리 잡게 하고, 관련 종사자들이 그 중요성을 재인식하도록 돕는 데 목표를 두고 있습니다.

특수청소 분야는 이제 단순히 해결사 역할에 그치지 않고, 고도의 기술과 윤리적 책임감을 필요로 하는 전문 직업으로 발전해야 합니다.
국내 최초로 기획된 이 특수청소 교육 교재는 특수청소의 길잡이가 되기를 희망하며, 이를 통해 현장의 종사자와 관계자들에게 특수청소의 가치를 다시 한번 강조할 것입니다.

어려운 현장에서 묵묵히 책임을 다하고 있는 모든 특수청소 관계자분들께 깊은 존경과 응원을 표합니다. 이 교재가 여러분의 노력과 헌신에 작은 힘이 되기를 바라며, 특수청소 분야가 더 큰 도약과 발전을 이루는 데 기여하기를 소망합니다.

저자 일동

발간사

이 교재를 준비하고 발간하기까지 약 3년의 시간이 흘렀습니다. 교재 발간의 계기는 특수청소 자격증이 승인되기 이전, 교육 과정 기획 단계에서 시작되었습니다. 당시, 특수청소 분야에 체계적이고 실질적인 교육 시스템이 부재하다는 현실을 절감하며, 누구나 쉽게 접근할 수 있는 교육 자료의 필요성을 깊이 느끼게 되어 이러한 문제를 해결하기 위한 방안으로, 이 교재의 발간을 구체적으로 계획하게 되었습니다.

특수청소는 고도의 기술과 전문성이 요구되는 복잡한 분야입니다. 안전과 효율을 동시에 고려해야 하며, 체계적인 매뉴얼 없이 작업이 진행될 경우 예상치 못한 문제들이 발생할 가능성이 높습니다. 특히 현장에서 발생하는 다양한 상황에 적절히 대응하기 위해서는 명확한 지침과 실질적인 교육 자료가 필수적입니다.

이러한 필요성을 인식하고 교재를 구성하기 위해, 해외 사례를 참고하는 한편 국내 특수청소 관련 도서를 검토하였습니다. 그러나 대부분의 자료가 에세이 형식에 머물러 있었으며, 실질적인 교육 자료는 거의 부재하다는 점을 확인하였습니다.

이에 ㈜대한인재진흥원은 이러한 문제들을 해결하기 위해 직접 특수청소 현장을 방문하고, 실무를 체험하며 필요한 데이터를 체계적으로 수집하였습니다. 실무 현장에서 전문가들조차 매뉴얼 부재로 인해 작업에 어려움을 겪는 상황을 수차례 목격하며, 현장 중심의 교육 자료가 얼마나 절실한지 다시 한번 깨달았습니다. 이 교재는 이러한 현실적 문제를 해결하고, 현장의 어려움을 해결하기 위한 하나의 대안으로 기획되어 오늘에 이르게 되었습니다.

특수청소는 예측하기 어려운 변수와 다양한 상황에 직면하는 복잡한 작업입니다. 각 현장이 고유한 특성을 지니고 있어, 상황에 맞는 적절한 대처 방안을 마련하는 것이 필수적입니다. 이를 위해 이 교재는 현장에서 활용할 수 있는 실제 사례와 유용한 해결 방안을 중심으로 구성되었습니다. 모든 현장을 직접 경험하는 데에는 한계가 있었지만, 다양한 전문가와 협력하며 현장에서 축적된 경험과 사례를 체계적으로 분석해 신뢰성 높이고자 노력했습니다. 단순한 이론 전달에 머무르지 않고, 실질적으로 현장에서 즉시 적용 가능한 실무 중심의 정보를 제공하는 데 중점을 두었습니다. 특수청소 과정에서 발생할 수 있는 복잡한 문제들에 대해 구체적인 사례와 대안을 제시하며, 독자들이 실제 상황에서 스스로 해결 능력을 기를 수 있도록 돕는 것을 목표로 삼았습니다.

이 교재는 초보자부터 숙련자까지 모두를 대상으로 구성되어, 누구나 쉽게 이해하고 활용할 수 있도록 제작되었습니다. 특수청소에 필요한 장비와 도구의 사용법, 안전 수칙 등을 상세히 다루어, 학습자가 이론과 실무를 동시에 익힐 수 있도록 설계되었습니다. 현장에서 이미 일하고 계신 분들은 이 교재를 통해 더욱 높은 수준의 전문성을 확보할 수 있을 것이며, 이제 막 이 분야에 첫발을 내딛는 분들에게도 필수적인 가이드로서 유용한 길잡이가 되어줄 것입니다.

이 책을 통해 학습자들이 단순히 지식을 취득하는 데 그치지 않고, 특수청소 현장에서 요구되는 실질적인 기술과 노하우를 습득해 자신감을 가지고 현장에 나설 수 있기를 바랍니다. 특수청소와 같은 전문 분야에서는 이론과 실무의 균형이 무엇보다 중요하며, 이 교재가 그 균형을 맞추는 데 유용한 교육 자료가 되기를 기대합니다.

끝으로, 책의 발간 과정에서 많은 도움을 주신 모든 분들께 깊은 감사의 마음을 전하며, ㈜대한인재진흥원은 앞으로도 더 나은 교육 콘텐츠를 제공하기 위해 지속적으로 노력하겠습니다.

㈜대한인재진흥원

추천사

단국대학교 보건복지대학원 외래교수
아산시자원봉사센터 센터장 **김기창**

25년간 사회복지 분야에 몸담아오면서 수많은 위기 상황과 마주해 왔습니다. 특히 고독사, 주거위기 가구, 저장강박 가구 등은 환경적인 문제를 넘어 한 개인의 존엄성과 지역 사회의 안전까지 위협하는 심각한 사안입니다. 이러한 현실 속에서 현장 실무자들은 늘 깊은 고민과 책임감을 느끼며 어려움을 겪고 있습니다.

오랜 기간 동안 지역 사회의 취약계층을 위한 돌봄 활동을 수행하며 수많은 주거 취약 현장을 경험해왔습니다. 하지만 위기 상황에 놓인 가정을 위해 특수청소 업체를 찾을 때면, '특수청소'라는 용어는 알지만 실제 현장의 어려움을 제대로 이해하고 대처할 준비가 되어 있지 않은 곳이 많아 안타까웠습니다. 절박한 순간에 믿고 맡길 수 있는 전문 인력의 부족은 현장 활동에 큰 어려움을 야기했으며, 때로는 무력감마저 느끼게 했습니다.

이러한 현실 속에서 대한인재진흥원에서 발간한 『특수청소 매뉴얼』은 그 의미가 매우 크다고 생각합니다. 이 매뉴얼은 오랫동안 현장에서 특수청소에 대한 전문적인 기준과 체계적인 지침을 갈망해 온 우리에게 단비와 같은 존재입니다. 이 책을 통해 특수청소 분야의 전문성과 공공성이 비로소 본격적으로 체계화될 수 있을 것이라는 희망을 품게 되었습니다.

『특수청소 매뉴얼』은 특수청소의 사회적 의미와 윤리적 고려 사항, 실제적인 작업 절차, 그리고 대상자에 대한 세심한 감정적 배려까지 폭넓게 다루고 있습니다. 특히 '특수청소관리사'라는 전문 직무를 명확히 제시함으로써, 향후 이 분야의 전문성과 신뢰도를 높이고 새로운 사회적 역할 및 직업군으로서 성장할 가능성을 제시하고 있다는 점에서 깊은 인상을 받았습니다. 아직 제도적으로 널리 알려지지는 않았지만, 분명한 공공 수요를 충족시킬 수 있는 중요한 영역이라고 확신합니다.

특수청소는 눈앞의 환경을 정리하는 행위를 넘어, 삶의 마지막 순간을 존엄하게 마무리하고 사회가 고인의 존재를 기억하고 있다는 것을 보여주는 중요한 과정입니다. 『특수청소 매뉴얼』은 이러한 철학과 실제 현장의 실천 사이의 간극을 훌륭하게 메워주는 귀한 자료가 될 것이라고 믿습니다.

이 책이 특수청소에 대한 올바른 이해를 돕고, 현장에서 어려움을 겪는 많은 분들에게 실질적인 도움을 제공하며, 더 나아가 우리 사회의 안전망을 더욱 튼튼하게 하는 데 크게 기여할 것이라고 확신하며, 진심을 담아 이 책을 추천드립니다.

추천사

국회의원 복기왕 (충남 아산시갑, 재선)

『특수청소 매뉴얼』은 단순한 매뉴얼이 아닙니다. 이 책은 우리 대한민국 사회가 직면한 고독사와 고립·은둔청년 문제와 같은 복합적 문제에 대한 깊은 통찰과 해결책을 제시하고 있습니다.

고령화와 1인 가구 증가로 인해 무연고 사망과 같은 사례가 일상화되고 있습니다. 이러한 상황에서 특수청소는 위생 문제를 넘어, 공공보건, 주거권, 안전, 그리고 인간의 존엄성까지 아우르는 중요한 사회적 과제가 되었습니다. 그러나 현재 이 분야에 대한 제도적 지원은 미흡한 실정입니다. 명확한 규정과 기준이 부족하며, 특수청소 종사자에 대한 안전 및 심리적 보호 체계도 마련되어 있지 않습니다. 무엇보다도 '누가, 어디까지 책임져야 하는가'에 대한 사회적 합의조차 없는 상태입니다.

이러한 현실 속에서 『특수청소 매뉴얼』은 실무서 차원을 넘어, 정책과 행정, 또 현장의 간극을 메우기 위해 도전하고 있습니다. 이 책은 국가와 지자체가 앞으로 준비해야 할 새로운 복지 영역을 조명하고 있습니다. 이 책의 노하우와 제안은 향후 '특수청소 관리사'라는 새로운 전문 영역의 역할과 필요성까지 체계적으로 제시합니다.

　특수청소는 사회의 가장 어두운 부분에서 시작되지만, 사실은 우리가 얼마나 서로를 돌보는 사회인가를 가장 선명하게 드러내는 주제입니다. 이 책이 담고 있는 전문 지식과 지침, 인간 존엄성의 철학은 단지 현장 종사자들에게만 필요한 것이 아닙니다. 정책을 입안하고, 예산을 편성하는 실무가라면 모두가 반드시 읽고 고민해야 할 것입니다.

　앞으로 『특수청소 매뉴얼』은 우리가 더 따뜻하고 온기 넘치는 대한민국 사회를 만들어 가는 데 있어, 중요한 기반이 될 것이라 기대합니다. 이 책이 널리 읽히고 현장과 정책 입안자에게 소중한 통찰을 제공하길 바라며, 진심을 담아 추천드립니다.

Contents

서문 4
발간사 7
추천사 10

1. 특수청소 분야 소개 19

1-1 특수청소란 무엇인가? 20
1-2 일반 청소와 특수청소의 차이점 22
1-3 특수청소의 필요성과 사회적 역할 24
핵심 개념 정리 27

2. 특수청소관리사 직업 전망 29

2-1 특수청소관리사란? 30
2-2 특수청소관리사 업무 범위 32
2-3 특수청소관리사의 자질과 자격증 42
2-4 특수청소 NCS 국가직무능력 표준 이해 48
2-5 특수청소 창업 51
핵심 개념 정리 58

3

의뢰인 유형과 상담 및 견적   61

3-1 의뢰인의 주요 유형과 특징 분석	62
3-2 상담 시 필요한 사전 정보 수집법	66
3-3 효과적인 온라인 상담 매뉴얼	70
3-4 민감한 상황 대처법	73
3-5 작업 준비 및 인력·장비 세팅	80
3-6 견적 산출 및 비용 구조 이해	84
핵심 개념 정리	90

4

특수청소 준비와 안전 관리   93

4-1 작업 전 사전준비 및 현장 분석	94
4-2 청소 계획 수립 및 단계별 작업 절차	97
4-3 긴급 상황 대비 및 문제해결 방법	101
4-4 현장 안전 수칙 및 안전교육	105
핵심 개념 정리	110

5

특수청소 작업 장비 소개와 이해   113

5-1 특수청소에 필요한 기본 장비 소개	114
5-2 특수청소 사례별 장비 활용법	120
5-3 청소 및 소독용 화학제품 사용법	124
5-4 특수청소 약품 취급 및 주의사항	133
핵심 개념 정리	149

Contents

6
특수청소관리사의 고독사 현장 기록   151

6-1   고독사 현장의 특성   152
6-2   고독사 현장에서 유의할 윤리적 요소   157
6-3   유품 정리 절차와 접근법   161
6-4   자살유족 원스톱 서비스   164
핵심 개념 정리   167

7
특수청소관리사를 위한 정서 관리   169

7-1   특수청소관리사의 정서적 스트레스 요인   170
7-2   정신 건강을 위한 자기 관리 팁   172
핵심 개념 정리   175

8
특수청소의 법적·윤리적 기준   177

8-1   특수청소 관련 법률과 규정   178
8-2   개인정보 및 현장 보안 관리   182
8-3   법적 분쟁 예방과 대응 전략   185
핵심 개념 정리   189

9 특수청소의 사회적 인식과 공익적 가치　191

9-1　특수청소에 대한 대중의 인식　192
9-2　공익적 가치를 높이는 방안　194
9-3　특수청소와 사회적 지원시스템　196
핵심 개념 정리　201

10 특수청소 현장 사례　203

10-1　극단적 선택 현장 사례　204
10-2　강력범죄 현장 사례　211
10-3　변사 차량 현장 사례　217
10-4　쓰레기집 현장 사례　220

11 부록　231

11-1　참고문헌　232
11-2　㈜대한인재진흥원 및 원케어 협회 소개　235
11-3　특수청소관리사 자격시험 예상 문제　245

고독사 · 쓰레기집 · 위기 현장 청소 실무 가이드 | 특수청소 매뉴얼

1
특수청소 분야 소개

The Special Cleaning Manual

1-1 특수청소란 무엇인가?

특수청소는 일반적인 청소 작업의 범위를 넘어서는 전문화된 청소 작업을 뜻합니다. 이는 일상적인 먼지 제거나 공간 정리와 같은 기본적인 청소와는 본질적으로 다르며, 보다 복잡하고 심각한 상황에서의 문제 해결을 목표로 합니다.

특수청소가 필요한 상황은 다양합니다. 대표적으로 고독사 현장, 범죄나 사고로 인해 발생한 생물학적 오염(혈흔, 체액), 화재나 수해로 인한 피해 현장, 쓰레기집과 같은 극심한 환경오염 등이 이에 해당됩니다. 이러한 장소들은 일반적인 청소 방식으로는 복구하기 어려우며, 전문적인 장비와 기술을 통해서만 해결이 가능합니다.

특수청소는 단순히 오염 물질을 제거하는 것이 아닌 해당 공간을 다시 사용할 수 있도록 복구하고, 안전하고 위생적인 환경을 조성하는 데 중점을 둡니다. 예를 들어, 장시간 방치된 공간에서는 세균과 악취가 심각한 문제로 대두되며, 이를 해결하기 위해 살균 소독, 악취 제거, 곰팡이 처리 등의 복합적인 작업이 이루어집니다. 또한, 화재나 수해로 피해를 입은 공간에서는 잔해물 제거와 함께 복구 가능한 상태로의 전환이 필요합니다. 작업이 완료된 후에도 안전하게 공간을 활용할 수 있도록 돕는 중요한 역할을 합니다.

이에 특수청소는 고도의 전문성을 필요로 하기 때문에, 이를 수행하는 작업자는 해당 분야에 대한 충분한 교육과 경험을 갖추고 있어야 합니다. 복잡한 문제를 해결하고 복구하는 과정을 포함하며, 법적 기준과 안전 규정을 준수해야 한다는 점에서 더욱 중요합니다. 결국, 특수청소는 피해를 입은 공간을 재활성화하고, 이를 통해 다시 삶의 공간으로 회복시키는 것을 궁극적인 목표로 하는 고도의 전문 서비스입니다.

특수청소의 특징을 정리하면 다음과 같습니다.

대상 : 고독사, 범죄·사고 현장, 쓰레기집, 화재·수해 현장 등.
목표 : 위생 관리, 공간의 복구 및 안전한 재사용 가능 상태로의 전환.
요구사항 : 전문적인 기술과 장비, 체계적인 교육, 법적·환경적 기준 준수.

1-2
일반 청소와 특수청소의 차이점

　일반 청소와 특수청소는 청소라는 공통된 이름을 가지고 있지만, 그 범위와 목적, 그리고 작업 방식에서 크게 다릅니다. 일반 청소는 일상적으로 사용되는 공간을 깨끗하게 유지하는 데 초점이 맞춰져 있습니다. 주로 가정, 사무실, 상업시설 등에서 발생하는 먼지나 오염물을 제거하고, 기본적인 위생 상태를 유지하는 작업을 포함합니다. 일반 청소는 비교적 간단한 도구(진공청소기, 걸레 등)를 사용하며, 작업자의 교육 수준이나 기술적 요구가 낮습니다. 주요 작업은 먼지, 쓰레기, 물때 제거와 같은 일상적인 위생 관리를 포함하며, 청소 작업의 난이도 역시 낮은 편에 속합니다.

　반면, 특수청소는 일반 청소로 처리하기 어려운 복잡하고 전문적인 상황을 다룹니다. 고독사 현장이나 범죄 현장처럼 생물학적 오염물이 있는 곳, 화재나 수해로 인해 물리적 손상이 발생한 장소, 또는 쓰레기로 가득 찬 집 등 일반적인 청소 방식으로는 해결할 수 없는 환경이 특수청소의 대상이 됩니다. 이러한 작업은 생물학적 위험 요소(혈흔, 체액 등), 유해 물질(곰팡이, 악취 등), 그리고 물리적 잔해물 처리 등을 포함하며, 보다 전문화된 기술과 장비가 필요합니다.

　특수청소 작업 과정에는 살균 소독 장비, 개인 보호 장구(PPE), 악취 제거 기기, 바이오 클리닝 기술 등 고도화된 장비와 기술이 필수적으로 사용됩니다. 이는 일반 청소와 달리 복잡하고 위험한 환경에서 이루어지므로, 전문적인 접근과 체계적인 대응이 요구되기 때문입니다. 또한 작업자는 관련 교육과 훈련을 이수해야 하며, 법적·환경적 규정을 준수해야 합니다.

일반 청소의 주된 목적은 공간의 청결을 유지하고, 일상적인 위생 상태를 보장하는 것입니다. 그러나 특수청소는 물리적 오염뿐 아니라, 환경 복구와 건강에 직결되는 위험 요소를 제거하고, 공간을 재사용 가능하게 만드는 데 중점을 둡니다. 예를 들어, 범죄 현장의 특수청소는 혈흔을 제거하는 것을 넘어, 법적 증거를 훼손하지 않으면서 공간을 복구하는 역할도 포함됩니다.

결론적으로, 특수청소는 공간을 깨끗하게 정리하는 수준이 아닌 전문적인 기술과 접근을 통해 환경을 복구하고 안전한 상태로 전환합니다. 일반 청소와는 달리, 특수청소는 작업의 목적과 방식, 그리고 수행 과정에서 필요한 전문성이 뚜렷이 구별됩니다. 이러한 차별화된 작업은 공간의 활용 가능성을 회복시키고, 위생과 안전성을 보장하며, 더 나아가 해당 공간의 가치를 새롭게 창출하는 데 기여합니다.

PPE : Personal Protective Equipment의 약자

PPE의 종류 : 보호복, 헬멧, 고글, 기타 의류나 장비

PPE의 사용 목적 :
작업장에서 발생할 수 있는 위험으로부터 근로자를 보호하기 위해 착용.
물리적, 전기적, 열, 화학적, 생물학적 위험 및 공기 중 입자 물질로부터 보호.

1-3
특수청소의 필요성과 사회적 역할

특수청소는 사람들의 안전과 위생을 확보하고 삶의 질을 향상시키는 데 중요한 역할을 합니다. 최근 사회에서는 다양한 이유로 특수청소가 필요한 사례가 급증하고 있으며, 이는 일반적인 청소로 해결할 수 없는 복잡한 문제들을 동반합니다. 고독사, 쓰레기집, 화재 현장과 같은 상황은 물리적 오염 문제뿐만 아니라 심리적, 사회적 문제를 반영하고 있습니다.

최근 자료에 따르면, 지난해 말 기준 전국의 1인 가구 수는 782만 9035가구로 전년 대비 4.4% 증가했습니다. 충북 지역의 경우 27만 7373가구로 집계되어, 전국 평균 증가율을 상회하는 6.3%의 증가율을 보였습니다. 충북 내 전체 가구 중 1인 가구가 차지하는 비율이

37%이며, 이 비율은 점점 증가하고 있습니다. 1인 가구의 연령 분포를 보면, 5060대 장년층이 가장 큰 비중을 차지하며, 3040대 청년층의 비율도 적지 않습니다. 이는 취업, 고령화, 혼인율 감소, 이혼 등 사회적 요인들이 복합적으로 작용한 결과입니다.

※ 자료: 보건복지부

문제는 1인 가구 증가와 함께 고독사 사례도 늘어나고 있다는 점입니다. 2023년 기준 전국 고독사 건수는 3,661건으로 2019년 대비 40% 이상 급증했으며, 충북 지역에서도 93건이 발생해 전년보다 38.8% 증가한 것으로 나타났습니다. 특히, 40~60대 청·장년층이 고독사 사망자의 약 70%를 차지하며, 이 현상이 고령층에 국한된 문제가 아니라는 점을 시사합니다.

또한, 쓰레기집 현상도 특수청소의 주요 대상 중 하나입니다. 고령화로 인해 혼자 사는 노인들이 신체적 한계, 정신적 고립, 저장 강박 등으로 인해 집안을 관리하지 못하고 쓰레기가 쌓이는 경우가 흔합니다. 최근에는 20~30대 젊은 층에서도 우울증 등 정신건강 문제로 인해 일상적인 생활 관리를 유지하지 못하면서 쓰레기집 현상이 발생하고 있습니다.

이러한 사회적 변화는 청소업계에도 큰 영향을 미쳤습니다. 고령화와 1인 가구의 증가로 인해, 단순 청소 이상의 전문적인 특수청소에 대한 수요가 급격히 증가하고 있습니다. 쓰레기집이나 고독사 현장과 같은 사례는 고도의 기술과 전문 장비 없이는 해결하기 어려운 문제로, 가정과 상업 시설을 포함한 특수청소 시장은 점차 블루오션으로 성장하고 있습니다.

결국, 특수청소는 사회의 위생과 안전을 지키는 데 핵심적인 역할을 하며, 이를 효과적으로 수행하기 위해 국가 차원의 제도적 지원과 특수청소 업체 및 전문가들의 긴밀한 협력이 필수적입니다. 이러한 노력이 뒷받침된다면, 더욱 건강하고 지속 가능한 환경을 구축할 수 있을 것입니다.

📌 핵심 개념 정리

1. 특수청소란?

특수청소는 고독사 현장, 쓰레기집, 범죄 현장, 화재 및 재난 피해 등 일반적인 청소로 해결할 수 없는 특수한 환경에서 위생과 안전 문제를 전문적으로 해결하는 작업입니다. 전문 장비와 기술을 활용하여 복잡한 위생 문제를 처리하며, 사회적 문제를 해결하는 데 기여합니다.

2. '일반 청소'와 '특수청소'의 차이점

- 일반 청소 : 일상적인 공간의 위생을 유지하며, 주로 가정, 사무실 등의 청결을 목적으로 합니다.
- 특수청소 : 전문 장비와 약품을 활용하여 위험하거나 민감한 환경을 복구하며, 고도의 기술과 안전 지식이 필요합니다. 예를 들어, 감염성 폐기물 처리, 악취 제거, 유품 정리 등이 포함됩니다.

3. 특수청소는 '왜' 필요한가요?

특수청소는 단순히 청결을 넘어, 심각한 위생 문제와 심리적 영향을 해결하기 위해 필요합니다. 고독사 현장, 재난 피해지, 범죄 현장 등은 위생과 안전뿐만 아니라 주변 이웃 간 갈등을 줄이고 피해자의 가족에게 심리적 안정을 제공합니다. 이는 개인과 사회 전체의 건강한 환경 유지에 필수적입니다.

4. 특수청소의 사회적 역할

특수청소는 공공 위생을 유지하고, 감염병 확산 방지와 재난 및 사고 후 환경 복구를 전문적으로 수행합니다. 특히, 민감한 현장에서의 신속하고 철저한 처리를 통해 주변 환경을 정비하고, 안전하고 건강한 지역 사회를 조성하는 데 기여합니다.

고독사 · 쓰레기집 · 유품 현장 청소 실무 가이드 | 특수청소 매뉴얼

2
특수청소관리사 직업 전망

The Special Cleaning Manual

2-1 특수청소관리사란?

특수청소관리사는 고독사, 화재, 재난 현장 등 특수한 상황에서 문제를 해결하고 삶을 복구하는 전문 직업입니다. 감염 위험이 높고 심리적 충격을 동반한 환경에서 철저한 소독과 복구 작업을 통해 위생과 안전을 확보하며, 공간의 새로운 시작을 지원합니다. 이는 사회적 약자를 보호하고 공동체를 지원하는 중요한 사회적 역할을 수행하는 직업임을 의미합니다.

빠르게 진행되는 고령화와 1인 가구 증가 추세는 특수청소관리사의 수요를 꾸준히 확대시키고 있습니다. 2020년 기준 648만 명이었던 1인 가구는 2050년까지 905만 명으로 증가할 것으로 예상되며, 이는

전체 가구의 약 39.6%를 차지할 전망입니다. 특히, 65세 이상 가구의 비중은 2050년 전체 가구의 38.7%에 이를 것으로 보이며, 연간 사망자 수 역시 2020년 30만 명에서 2050년 67만 명으로 급증할 것으로 예측됩니다. 이러한 사회적 변화는 특수청소관리사가 고령화와 1인 가구 증가로 인해 발생하는 다양한 사회적 요구를 충족시키는 중요한 역할로 자리 잡고 있음을 시사합니다.

특수청소관리사는 삶의 마무리를 준비하는 웰다잉(Well-Dying) 산업과도 밀접하게 연결되어 있습니다. 일본에서는 이미 유품 정리와 장례 준비를 포함한 웰다잉 산업이 활성화되었으며, 한국에서도 고령화와 1인 가구 증가로 인해 웰다잉 관련 서비스와 특수청소의 중요성이 점차 부각되고 있습니다.

또한 특수청소는 기존의 주거지 청소를 넘어 호텔, 상업시설, 공공장소 등 다양한 분야로 확장되며 새로운 성장 가능성을 보여주고 있습니다. 이러한 시장의 확대는 특수청소관리사가 일반적인 청소업과는 차별화된 전문성을 바탕으로 독자적인 가치를 창출할 수 있는 기회를 제공합니다. 특수청소는 전문 기술과 심리적 지원을 겸비한 인력을 필요로 하며, 이로 인해 새로운 일자리 창출과 창업 기회가 열리고 있습니다. 소규모 사업으로 시작해 점차 기업화로 성장할 가능성도 높아, 관련 분야에 관심 있는 이들에게 유망한 진로로 주목받고 있습니다.

그러나 이러한 성장 가능성을 실현하기 위해서는 해결해야 할 과제들도 존재합니다. 특수청소관리사는 삶의 재건을 돕는 중요한 직업이라는 점에 대한 사회적 인식 변화를 이끌어야 합니다. 동시에, 자격증 도입과 산업 표준화를 통해 법적·제도적 기반을 마련하고, 심리적 지원과 기술적 역량을 모두 겸비한 전문 인력을 체계적으로 양성할 수 있는 교육 체계도 필요합니다. 이러한 과제들을 해결함으로써 특수청소관리사라는 직업은 더욱 안정적으로 성장하며 사회적 가치를 실현할 수 있을 것입니다.

2-2 특수청소관리사 업무 범위

특수청소관리사는 극단적이고 복잡한 상황에서 공간을 복구하고, 위생과 안전을 회복시키는 데 있어 핵심적인 역할을 수행하는 전문가입니다. 따라서 고독사 현장, 극단적 선택, 쓰레기집 청소와 같은 특수한 상황은 일반적인 청소 작업과는 차원이 다른 심리적 부담과 기술적 난관을 동반합니다. 특수청소관리사는 이러한 상황에서도 전문성과 침착함을 유지하며, 작업 현장의 특수성을 고려한 맞춤형 솔루션을 제공합니다.

특히, 고독사 현장은 고령화와 사회적 고립의 상징적 결과로, 남겨진 흔적을 정리하고 공간을 재정비하여 유족이나 다음 사용자가 새로운 시작을 할 수 있는 환경을 만들어줍니다. 쓰레기집 청소는 자기방임이나 정신적 문제로 인해 방치된 폐기물을 체계적으로 관리하고 악취를 제거하여 위생적인 환경을 회복하는 데 중점을 둡니다. 화재 및 사고 현장은 잔해 복구, 생물학적 오염 제거, 소독 작업 등으로 이어지며, 각 작업은 심화된 전문 지식과 경험이 요구됩니다.

특수청소관리사의 업무는 이처럼 광범위하고 다각적입니다. 각 현장은 고유한 특성과 과제를 동반하며, 이에 따라 청소 방법, 약품 선택, 장비 활용 등 모든 과정이 체계적으로 이루어져야 합니다. 고객의 요구와 현장 조건에 따라 설계되는 맞춤형 솔루션은 특수청소관리사의 전문성을 보여주는 중요한 요소입니다.

아래에 제시된 [특수청소 로드맵]은 각 단계에서 수행해야 할 주요 작업과 과정을 체계적으로 정리한 것으로, 특수청소가 얼마나 세심하고 전문적인 접근을 요구하는지 보여줍니다. 특수청소관리사의 업무 범위와 세부적인 작업 과정을 구체적으로 살펴보겠습니다.

[특수청소 로드맵]

① 특수청소 대상물 파악 : 현장의 상태와 오염 수준을 정확히 분석하여 필요한 작업의 범위를 정의합니다.

② 견적서 제출 및 용역의 산출 : 작업 비용과 필요한 자원을 산출하여 고객에게 투명한 견적을 제시합니다.

③ 특수청소 계획 수립 : 청소 방법, 사용 장비, 약품 등을 포함한 세부 계획을 수립합니다.

④ 특수청소 일정 및 사전 안전교육 실시 : 작업 일정을 조정하고, 참여 인력에게 안전 수칙을 교육합니다.

⑤ 특수청소 시행 : 관리사 및 전문가가 협력하여 본격적인 청소 작업을 진행합니다.

⑥ 특수청소 후 확인 및 보완작업 : 작업 완료 후 현장을 점검하며 미비점을 보완합니다.

⑦ 의뢰인 및 건물주 현장 확인 : 작업 결과를 고객과 함께 검토하며 최종 승인을 받습니다.

⑧ 특수청소 현장 정리정돈 : 작업 후 현장을 깨끗하게 정리하여 사용 가능한 상태로 복구합니다.

⑨ 사후 관리 : 고객의 요청에 따라 추가적인 지원이나 후속 작업을 제공합니다.

1) 고독사 및 자살 현장 청소

고독사와 자살 현장은 사망 후 장시간 방치된 시신으로 인해 부패액과 분비물로 오염된 경우가 많습니다. 자살 현장은 사용된 도구나 방법에 따라 현장의 오염 상태가 더욱 심각할 수 있으며, 번개탄 연소로 인한 유독가스 잔류물 등이 발생하기도 합니다.

특수청소관리사는 오염 제거, 살균 소독, 탈취 작업을 통해 악취와 위생 문제를 해결하며, 벽지와 장판 교체, 심각한 악취 제거 등 공간 복구 작업을 수행합니다. 또한, 유품 정리를 통해 고인의 소중한 물품을 유족에게 전달하거나 법적 절차를 지원하며, 공간을 새로운 세입자가 입주 가능한 상태로 복원합니다.

2) 범죄 및 강력 사건 현장 청소

범죄 현장은 혈흔, 체액, 기타 생물학적 오염물로 인해 위생적으로 복잡한 문제가 발생합니다. 특히 강력범죄 현장은 경찰청 또는 관련 기관의 의뢰를 통해 작업이 진행되며, 법적 요건과 절차를 엄격히 준수해야 합니다.

특수청소관리사는 생물학적 오염물 제거, 살균 소독 작업과 함께, 파손된 물건의 처리 및 공간 복구를 담당합니다. 범죄 현장은 고독사와 달리 인테리어 구조물을 철거할 필요는 적지만, 파손된 물건의 폐기 처리와 생물학적 오염 제거가 특히 중요합니다. 또한, 작업 중 법적 증거물이 훼손되지 않도록 철저히 규정을 준수하며, 민감한 상황에서도 고객과 기관의 요구를 신속하고 전문적으로 처리합니다.

3) 쓰레기집 청소

쓰레기집은 자기방임, 저장강박증, 우울증 등의 문제로 인해 방대한 폐기물과 악취가 누적된 상태를 말합니다. 특수청소관리사는 폐기물 수거와 악취 제거뿐 아니라, 위생 처리를 통해 거주 가능한 환경으로 복원합니다.

필요에 따라 철거, 공사, 인테리어 등의 추가 작업이 포함되며, 고객의 요청에 따라 맞춤형 서비스를 제공합니다. 이러한 작업은 고객의 생활공간을 정리하며 새로운 시작을 돕는 데 초점을 맞추고 있습니다.

4) 특이 사고 현장 청소

특수청소관리사는 차량 내 극단적 선택, 화재, 재난으로 인해 심각하게 오염된 현장을 복구합니다. 예를 들어, 차량 내 극단적 선택의 경우 협소한 공간에 체액이나 혈흔이 침투하는 사례가 많아 전문 장비와 약품을 사용해 철저히 제거해야 합니다.

화재나 재난 현장에서는 연소된 물질과 잔해로 인한 오염이 복잡하며, 이를 복구하기 위해 정밀한 계획과 작업이 필요합니다. 특수청소관리사는 이러한 특수한 상황에서도 안전하고 위생적인 환경을 복원하며, 다음 사용자를 위한 최적의 상태를 제공합니다.

5) 방역 및 소독 작업

전염병 발생이나 바이러스 감염 위험이 있는 공간에서는 방역과 소독 작업을 통해 위생 상태를 회복합니다. 이 작업은 감염 위험을 최소화하고, 공간을 안전하게 사용하는 데 필수적인 과정입니다.

6) 유품정리 서비스

유품정리 서비스는 고인의 사망 이후 유가족이나 이해관계인의 의뢰를 받아, 고인이 거주하던 공간에서 남겨진 물품을 정리하고 처리하는 서비스입니다.

- 유품 선별 및 정리 : 귀금속, 현금, 부동산 계약서 등 재산적 유품과 사진, 유서 같은 정서적 유품을 분류하여 유가족에게 전달합니다. 정확한 선별 작업은 유가족의 요청과 필요를 철저히 반영하며, 물품의 가치와 중요성을 고려하여 진행됩니다.

- 유품 소각 및 보관 : 생활 유품이나 정서적 유품은 유가족의 의뢰에 따라 적법한 절차를 거쳐 소각됩니다. 신발, 의류, 사진, 다이어리 등 개인 물품이 포함됩니다. 무연고 사망자의 경우, 유품은 지방자치단체의 규정에 따라 3개월 동안 공고된 후 처리됩니다. 재산적 유품과 정서적 유품은 별도로 보관하여 필요 시 활용할 수 있도록 준비됩니다.

- 유품 매각 및 폐기 : 유품 중 재활용 가능하거나 재산적 가치가 있는 물품은 유가족과 협의하여 매각 절차를 진행합니다. 모든 처리 과정이 끝난 후, 남은 물품은 폐기물 처리법을 철저히 준수하여 안전하게 폐기됩니다. 남은 물품을 모두 소각하는 것은 법적으로 금지되어 있으며, 적법한 폐기 절차가 필수입니다.

7) 요양병원 입소를 위한 집 정리

초고령 사회 진입으로 인해 요양병원에 입소하는 부모님의 집 정리 의뢰가 증가하고 있습니다. 고객의 요청에 따라 거주 공간의 모든 물품을 체계적으로 정리하며, 필요 시 물품 분류 및 폐기까지 지원합니다. 감정적으로 민감할 수 있는 상황을 배려하며 신속하고 전문적으로 작업을 수행합니다.

8) 시골집 정리

지방 공동화와 인구 감소로 인해 시골집을 정리하거나 빈집으로 전환하려는 요청이 늘고 있습니다. 집 내부뿐만 아니라 창고, 마당, 농장 등 부속 공간까지 포함해 모든 물품을 철저히 정리합니다. 고객의 요구에 맞춰 불필요한 물품의 폐기와 재활용도 체계적으로 진행합니다.

9) 이민 정리

해외 이민 또는 타 지역으로의 이주를 준비하는 고객을 위한 집 정리 서비스입니다. 이민 품목에 포함되지 않는 집안 물품을 남김없이 정리하며, 물품 이동 준비를 돕습니다. 효율적인 물품 분류와 정리로 고객의 이주 준비를 지원합니다.

[별첨1] e하늘 장사 정보시스템 서비스 안내

e하늘 장사 정보시스템은 유족들이 장례 절차를 효율적으로 진행하고, 유품을 안전하게 관리하며 처리할 수 있도록 다양한 정보를 제공하는 공공 플랫폼입니다. 이를 통해 유족은 심리적 부담을 덜고, 고인의 마지막을 존중하며 유족들이 일상으로 빠른 복귀를 할 수 있도록 도움을 줍니다.

<주요 서비스 및 기능>

1. 화장 및 봉안 예약 서비스
- 전국의 화장장과 봉안시설을 온라인으로 예약할 수 있습니다.
- 실시간으로 화장 일정과 봉안(유골 안치) 예약 상황을 확인하고, 예약을 진행할 수 있습니다.

2. 장사 시설 정보 제공
- 전국의 장례식장, 화장장, 봉안당, 자연장지 등의 위치와 시설 정보를 제공합니다.
- 각 시설의 이용 요금, 운영 시간, 시설 현황 등을 상세히 확인할 수 있습니다.

3. 장례 절차 안내
- 장례 준비, 화장, 매장, 봉안에 이르기까지 전반적인 절차를 안내합니다.
- 유족을 위한 지원 서비스와 필요한 서류 정보를 포함하여, 장례 절차를 효율적으로 진행할 수 있도록 돕습니다.

4. 온라인 추모 및 헌화 서비스
- 유족은 온라인에서 고인을 추모할 수 있는 공간을 마련할 수 있습니다.
- 비대면으로 헌화와 메시지를 남길 수 있는 기능이 제공되며, 코로나19 이후 비대면 추모 서비스의 수요 증가에 따라 더욱 강화된 기능을 제공합니다.

5. 사망신고 및 행정 서비스 연계
- 사망신고 절차와 연계된 행정 서비스 정보를 제공합니다.
- 사망 신고 후 필요한 다양한 행정 절차와 지원 서비스를 상세히 안내합니다.

6. 유품 보관 및 기증
e하늘 시스템은 무연고 사망자의 유품 보관과 처리도 지원합니다.
- 유품 보관 : 지방자치단체 규정에 따라 재산적·정서적 가치가 있는 유품을 별도로 3개월 이상 공고하며 병행하여 보관합니다.
- 유품 기부 및 기증 : 유족의 동의 하에 유품을 적합한 단체에 기부하거나, 공공의 목적으로 활용할 수 있습니다.

7. 유품 폐기
유품의 약 80~90%는 폐기에 해당하며, 폐기물 처리법을 철저히 준수하여 안전하게 처리됩니다.
- 폐기 절차 준수 : 법적 기준에 따라 남은 물품은 적법하게 폐기됩니다. 모든 유품을 일괄 소각하는 것은 금지되어 있습니다.

- 폐기 비용 절감 : 목재 가구(옷장, 신발장, 싱크대 등)는 분해하여 폐기하면 처리 비용을 절감할 수 있습니다.
- 폐기 처리 비용은 유품 정리 현장의 견적을 산정하는 데 중요한 요소로 작용합니다.

< 이용 방법 >

- 웹사이트: e하늘 장사 정보시스템에 접속하여 서비스를 이용할 수 있습니다.
- 모바일 앱: e하늘 전용 앱을 통해 모바일에서도 쉽게 접근 가능합니다.
- 문의 전화: 시스템 이용과 관련된 문의는 ☎1577-4129를 통해 상담할 수 있습니다.

2-3 특수청소관리사의 자질과 자격증

1. 특수청소관리사의 자질

특수청소관리사는 위험하고 민감한 상황에서 전문성과 윤리성을 발휘해야 하는 고도의 직업입니다. 이들은 고독사, 범죄 현장, 쓰레기집 청소와 같은 특수 상황에서 위생과 안전을 유지하며, 고객의 심리적 안정까지 고려한 세심한 작업을 수행합니다. 이러한 역할을 성공적으로 수행하기 위해 특수청소관리사는 다음과 같은 필수 자질을 갖춰야 합니다.

1) 위생 및 안전 지식

특수청소 현장은 생물학적 오염물과 유해 물질로 인해 작업 환경이 매우 위험할 수 있습니다.

- 위생 관리 역량 : 부패한 체액, 혈흔, 유독 물질 등을 안전하게 제거하고, 소독 작업을 통해 공간의 안전성을 회복해야 합니다.
- 안전 수칙 준수 : 개인 보호 장비(PPE)를 올바르게 사용하고, 작업 중 사고를 예방하기 위한 안전 기준을 철저히 준수해야 합니다.

2) 전문 장비 사용 능력

특수청소에는 일반적인 청소 도구 외에도 고도의 기술이 요구되는 장비와 약품이 사용됩니다.

- 장비 조작 능력 : 고성능 진공 장치, 고온 스팀 청소기 등 특수 장비를 숙련되게 다루어야 합니다.
- 약품 활용 능력 : 각기 다른 오염물에 맞는 세정제와 소독제를 안전하게 사용하며, 약품의 화학적 특성을 이해해야 합니다.

3) 신체적·정신적 강인함

특수청소는 육체적으로 힘든 작업과 심리적으로 도전적인 상황을 수반합니다.

- 신체적 건강 : 반복적인 무거운 물품 이동, 장시간 작업 등으로 인해 높은 체력과 강인함이 요구됩니다.
- 정신적 회복력 : 심리적으로 충격적인 현장에서 감정적 동요를 최소화하고, 업무에 집중할 수 있는 안정된 마음가짐이 중요합니다.

4) 책임감과 윤리의식

특수청소관리사는 민감한 정보와 상황을 다루기 때문에 윤리적 태도와 높은 책임감이 필수적입니다.

- 개인정보 보호 : 유품이나 민감한 정보를 철저히 보호하고, 외부 유출을 방지해야 합니다.
- 공감 능력 : 고객이나 유가족의 심리적 상태를 이해하며, 배려와 존중을 바

탕으로 업무를 수행합니다.
- 법적 책임 준수 : 폐기물 처리와 약품 사용 등 모든 절차는 법적 기준에 따라 진행되어야 합니다.

5) 문제 해결 능력

특수청소관리사는 발생되는 다양한 문제를 신속하고 효과적으로 해결할 수 있어야 합니다.

- 유연한 사고 : 현장의 특수성을 고려한 창의적인 솔루션을 제시할 수 있어야 합니다.
- 즉각적인 대처 : 예상치 못한 상황에 빠르게 대응하며, 작업 효율성을 높여야 합니다.

2. 특수청소관리사 자격과정

특수청소관리사 자격증 과정은 실질적인 기술과 윤리적 책임을 겸비한 전문가를 양성하기 위한 체계적인 프로그램입니다. 이를 통해 특수청소관리사들은 전문성과 신뢰를 바탕으로, 특수청소 서비스 분야에서 중요한 역할을 수행하게 됩니다. 특수청소관리사 자격증은 실무에 필요한 지식과 기술을 체계적으로 교육하고 평가하여, 전문가로서의 역량을 검증합니다. 다음은 자격과정에 대한 세부 내용입니다.

1) 자격증 과정

(1) 자격 과정 개요

① 자격명 : 특수청소관리사

② 종목 및 등급 :

- 지도사 : 특수청소에 대한 전문 지식을 바탕으로 체계적인 시스템을 기획하고 운영하며, 특수청소관리사를 교육하고 지도할 수 있는 자격(자체 교육생을 모집, 교육 할 수 있으며 평가는 대한인재진흥원 평가관이 출장하여 진행함).
- 1급 : 무연고, 고독사 등의 특수한 현장의 오염된 물건이나 장소를 청결하게 기존 상태로 복구하는 특수청소를 전문적으로 진행하는 직무를 수행.

2) 자격 취득 절차

[㈜대한인재진흥원_특수청소관리사 자격증]

(1) 교육 이수

자격 과정에 등록한 후, 이론과 실무 중심의 교육 과정을 이수해야 합니다.

- 지도사 과정 : 1급 자격 취득 후 추가 교육 이수.
- 1급 과정 : 특수청소 기술의 중급 수준 교육.

(2) 시험 응시

- 필기시험 : 위생 관리, 특수청소 기술, 물품 정리 등 이론 지식을 평가합니다.
- 실기시험 : 실제 특수청소 현장에 보조로 투입하여 현장 대응 능력을 평가합니다. (지도사 과정에 한함.)
- 합격 기준 : 100점 만점 중 평균 60점 이상.

(3) 자격증 발급

시험 합격 후 자격증이 발급되며, 자격증은 3년간 유효하며 이후 2년 단위로 갱신이 필요합니다.

3) 교육 및 시험 내용

(1) 이론 교육

- 위생 및 청결 관리 : 생물학적 오염 제거와 소독 방법.
- 특수청소 기술 : 고독사, 화재, 범죄 현장의 청소 방법.
- 물품 정리 : 유품 선별 및 처리, 폐기물 관리.

(2) 실기 교육

- 현장 소독 시연.
- 청소 장비와 약품의 안전한 사용법.
- 고객 대응 및 제안서 작성 실습.

4) 자격 과정의 특징

- 개방적 응시 자격 : 연령과 학력에 제한이 없으며, 관련 교육 과정을 이수하면 누구나 응시할 수 있습니다.
- 실무 중심의 평가 : 필기와 실기를 통해 이론적 지식과 실무 능력을 종합적으로 평가합니다.
- 갱신 제도 : 자격증 유효기간은 3년이며, 이후 2년 단위로 갱신하여 최신 기술과 정보를 반영합니다.

5) 자격 취득 후 혜택

- 전문성 인증 : 특수청소 전문가로서의 자격을 공식적으로 인정받습니다.
- 취업 기회 확대 : 특수청소 서비스 업체, 관련 공공기관 등에서 전문 인력으로 활동할 수 있습니다.
- 사회적 가치 실현 : 민감하고 복잡한 상황을 해결하며, 고객과 사회의 신뢰를 구축하는 데 기여합니다.

6) 응시 및 문의 방법

자격 과정 신청은 연중 가능하며, 해당 교육 기관을 통해 등록할 수 있습니다. (시험 일정 : 필기 및 실기시험 일정은 공고를 통해 확인 가능)

- 문의처 : • 주식회사 대한인재진흥원
         • 홈페이지 : http://1-dhij.kr
         • 문의 전화 : ☎ 1688-8828

2-4 특수청소 NCS 국가직무능력 표준 이해

특수청소는 주로 화재, 수해, 사망 사고 등 일상적인 청소로는 처리하기 어려운 특수한 상황에서 수행되며, 이를 통해 공공 위생과 환경 안전을 효과적으로 유지합니다.

특히, 국가직무능력표준(NCS, National Competency Standards)은 특수청소 분야에서 요구되는 전문성 및 체계적인 업무 능력을 명확히 정의하고 있습니다. NCS는 작업자가 보다 효율적이고 안전하게 작업을 수행할 수 있도록 필요한 기술적 역량과 조직적 절차를 체계적으로 제시합니다. 이를 통해 작업자는 안전한 청소 절차를 준수하고, 고객의 다양한 요구를 충족시키는 전문성을 갖추게 됩니다. NCS 분류 번호에 따라 특수청소는 다음 기준으로 세분화됩니다.

<특수청소 NCS 국가직무능력 표준 이해>

특수청소 NCS분류 번호(1102010208_15v1.1~1.4) 특수청소 기준
NCS분류 번호(1102010106_15v1.1~1.3) 청소장비운용
NCS분류 번호(1102010107_15v1.1~1.3) 청소약품운용

NCS 기준을 바탕으로 체계적인 지식, 기술, 태도를 갖춘 작업자는 더 나은 품질의 서비스를 제공하며, 사회적 가치를 실현할 수 있습니다. 올바른 특수청소 수행을 구체적으로 아래와 같은 필수 역량이 요구됩니다.

지식	기술	태도
- 특수청소의 작업 절차 준수 - 사용 장비(약품)의 특성, 용도, 성능 - 오염상태에 따른 세제 및 약품 사용법(주의점) - 화학약품에 대한 지식 - 살균 소독법, 건조법, 오염 예방법 - 안전 및 감염예방에 관한 안전지식 - 측정기의 활용법 숙지	- 특수청소 작업 진단 능력 - 오염 상태에 따른 세제 및 약품 특성에 따른 사용 능력 - 오염의 효율적인 제거 능력 - 장비성능 분석 능력 - 청소 장비 조작 능력 - 장비 비상상황 대처 능력 - 의사결정 능력	- 사전준비와 확인의 철저함 (정확성) - 현장지원 마인드, 객관적 사고 - 특수청소 서비스 과정의 협의(계약) 내용을 지키려는 태도 - 작업 시 주변 지역, 이웃에게 피해를 주지 않으려는 태도 - 청소 장비도구의 세척, 소독, 건조, 보관, 폐기하는 태도 - 보호 장비 착용 및 안전수칙에 관한 안전의식 산업안전보건법 및 약품사용법 준수 - 상황대처를 위한 적극적인 자세 - 상호이해관계 존중의 자세 - 협력적인 사고 - 성실성, 책임감

1) 지식

특수청소 작업자는 작업의 성공적인 수행을 위해 다음과 같은 지식을 갖추어야 합니다.

- 작업 절차 준수 : 표준화된 작업 절차를 철저히 이해하고 준수
- 장비 및 약품의 특성 이해 : 청소 장비와 약품의 용도, 성능, 특성을 숙지
- 약품 사용법과 주의점 : 화학약품 사용 시 필요한 안전 지식과 주의사항
- 살균 및 소독법 : 살균과 소독의 정확한 방법과 오염 예방 기술
- 측정기 활용법 : 오염 상태 분석을 위한 다양한 측정기 사용
- 안전 및 감염 예방 지식 : 작업 중 사고와 감염을 예방하는 안전관리 기술

2) 기술

작업자는 특수청소 업무를 효율적으로 수행하기 위한 다음과 같은 기술을 필요로 합니다.

- 작업 진단 능력 : 오염 상태를 분석하고 작업 계획을 세우는 능력
- 약품 사용 능력 : 오염 상태에 따라 적합한 약품을 선택하고 활용
- 오염 제거 기술 : 다양한 오염을 효과적으로 제거하는 기술
- 장비 성능 분석 및 조작 능력 : 청소 장비의 성능을 이해하고 정확히 조작
- 비상상황 대처 능력 : 장비 고장이나 예상치 못한 상황에서 빠르게 대응
- 의사결정 능력 : 작업 중 발생하는 문제를 판단하고 해결하는 능력

3) 태도

특수청소 작업자는 기술과 지식뿐만 아니라 올바른 태도를 갖추어야 합니다. 이는 작업의 품질을 높이고 고객과의 신뢰를 형성하는 데 중요한 요소입니다.

- 사전 준비의 철저함 : 작업 전 모든 상황을 철저히 점검하고 대비
- 현장 지원 마인드 : 고객의 요구를 이해하고 적극적으로 대응
- 안전 수칙 준수 : 보호 장비 착용과 산업안전보건법 준수
- 협력적 사고 : 팀원과 고객 간의 원활한 협력을 위한 태도
- 도구 관리와 폐기 : 청소 도구의 세척, 소독, 보관 및 폐기 절차 준수
- 책임감과 성실성 : 작업의 모든 과정을 신중하고 책임감 있게 수행

2-5 특수청소 창업

현재 한국의 특수청소 창업 시장은 작은 규모로 폐쇄적으로 운영되고 있으며, 사업자 대부분이 소규모 개인 사업체 형태를 유지하고 있는 실정입니다.

특히 사업 초기에는 정보 부족, 창업 상담·문의 채널 부재와 같은

현실적인 어려움이 따라옵니다. 이에 창업자는 본인의 역량과 시장 상황을 냉철히 분석하고, 철저히 준비된 상태에서 접근해야 합니다. 조력자에 지나치게 의존하는 창업 방식은 리스크를 높일 수 있으므로, 명확한 사업 방향과 체계적인 운영 계획을 수립하는 것이 필수적입니다.

특수청소업은 한국 사회의 변화에 따라 수요가 지속적으로 증가할 가능성을 가지고 있습니다. 한국의 노인 빈곤율은 43.4%로 높은 수준을 기록하고 있으며, 고령화로 인한 독거노인 증가와 함께 고독사 사례도 꾸준히 늘어나고 있습니다. 또한, 한국의 자살률은 인구 10만 명당 24.6명으로 OECD 국가 중 가장 높은 수준에 해당합니다. 이처럼 고령화와 사회적 고립의 심화는 특수청소업의 필요성을 더욱 부각시키고 있습니다.

이와 관련해 일본의 웰다잉(Well-Dying) 산업 사례는 한국의 특수청소업에 유의미한 시사점을 제공합니다. 일본의 웰다잉 시장 규모는 약 50조 원에 달할 정도로 성장하고 있으며, '수슈카쓰(終活, 삶의 마무리 준비)'라는 개념이 사회적으로 자리 잡으면서 웰다잉 관련 산업이 활발히 발전하고 있습니다.

65세 이상 인구 비율이 높은 일본에서는 장례 서비스, 유품 정리, 사전 장례 준비 등 다양한 웰다잉 관련 서비스가 발전해왔으며, 관련 시장은 이미 2015년 기준 약 10조 원 규모에 이르렀습니다. 또한 입관 체험, 장례 플래너, 디지털 유언장 등 혁신적인 서비스를 도입하고 있으며, 자산 관리, 유산 상속 등 실질적인 준비부터 장례 방식의 선택에 이르기까지 다양한 활동을 포함하는 등 일본의 웰다잉 문화를 더욱 풍성하게 만들고 있습니다. 특히, SNS와 스마트폰 등 디지털 기술을 활용한 장례 준비 서비스가 확산되며, 고령화 사회에 적합한 맞춤형 서비스로 자리 잡고 있습니다. 일본의 유품정리사인정협회에 따르면, 2024년 기준 약 1만6000명의 유품정리사가 활동 중이며, 등록된 법인은 약 900개에 달합니다. 이는 체계화된 교육과 인증 시스템을 통해 전문성과 신뢰를 구축한 결과입니다.

이처럼 일본에서는 유품 정리를 단순한 폐기물 처리가 아닌, 고인의 삶과 기억을 존중하며 가치 있는 물건을 식별하고 정리하는 과정으로 발전시켰습니다. 이러한 방식은 특수청소업이 단순한 물리적 서비스에서 심리적 지원과 문화적 의미를 제공하는 차별화된 서비스로 성장할 가능성을 시사합니다. 이는 한국 특수청소업도 고객 맞춤형 서비스로 확장할 기회를 제공하는 중요한 모델로 볼 수 있습니다.

그러나 한국의 특수청소 시장은 여전히 정보 부족과 초기 창업 과정에서의 어려움이라는 걸림돌을 안고 있습니다. 블로그 운영, 작업 전·후 사진 홍보, 직원 모집 등 다양한 홍보 채널이 활용되고 있으나, 법적 규정과 자격 기준이 체계적으로 마련되지 않은 현실은 창업자들에게 중요한 과제로 남아 있습니다. 특히 폐기물 처리업체, 종합청소업체, 이사업체 등 기존 사업체들이 특수청소를 병행하면서 경쟁이 심화되고 있어, 단순히 블루오션으로만 특수청소업을 보기도 어려운 실정입니다. 따라서 특수청소 창업자는 이러한 점을 참고하여 창업 초기 단계부터 다음과 같은 전략을 마련해야 합니다.

- 서비스 차별화 : 유품 정리, 심리적 지원, 웰다잉 관련 서비스를 통합하여 고객의 니즈를 충족시키는 것이 중요.
- 체계적인 운영 : 법적·제도적 기반을 이해하고, 명확한 운영 프로세스를 마련.
- 교육 및 훈련 : 창업자와 직원 모두 전문성을 갖추기 위한 교육 프로그램 참여.
- 온라인 마케팅 강화 : 블로그, 홈페이지, SNS를 활용해 작업 전후의 사진과 고객 후기 등으로 신뢰 구축.

특수청소 창업이 사회적 변화와 함께 점점 더 중요한 사업 분야로 자리 잡고 있는 만큼 효과적인 마케팅과 영업 전략을 통해 고객의 신뢰를 얻고, 지속 가능한 비즈니스 모델을 구축한다면 창업의 성공 가능성은 더욱 높아질 것입니다. 또한 다양한 채널을 활용한 접근과 차별화된 서비스로 경쟁력을 강화한다면, 특수청소 창업은 사회적 가치를 창출하는 핵심적인 기회로 발전할 수 있습니다. 이를 위해 활용 가능한 효과적인 온라인 및 오프라인 마케팅 전략을 별첨하였으며, 귀하의 창업에 실질적인 도움이 되길 바랍니다.

[별첨2] 효과적인 온라인/오프라인 마케팅 전략

1. 온라인 마케팅 전략

① **무료 온라인 서비스 활용**
특수청소 창업자는 무료로 제공되는 다양한 플랫폼을 활용해 사업을 홍보할 수 있습니다. 네이버 블로그와 다음 티스토리와 같은 플랫폼은 비용 없이 쉽게 접근 가능하며, 블로그 포스팅을 통해 작업 사례와 전문성을 알릴 수 있습니다.
- 장점 : 비용이 들지 않고 누구나 쉽게 시작 가능.
- 단점 : 많은 업체와의 경쟁 속에서 상위노출이 어려울 수 있음.

② **유료 홈페이지 제작**
전문가에게 의뢰하여 맞춤형 홈페이지를 제작하면 보다 세련되고 전문적인 이미지를 구축할 수 있습니다.
- 장점 : 다양한 디자인과 레이아웃을 활용할 수 있음.
- 단점 : 도메인 등록, 보안 서버 구축 등 추가 비용과 유지 관리 비용이 발생할 수 있음.

② **유료 홈페이지 제작**
전문가에게 의뢰하여 맞춤형 홈페이지를 제작하면 보다 세련되고 전문적인 이미지를 구축할 수 있습니다.
- 장점 : 다양한 디자인과 레이아웃을 활용할 수 있음.
- 단점 : 도메인 등록, 보안 서버 구축 등 추가 비용과 유지 관리 비용이 발생할 수 있음.

③ 검색 광고 활용

네이버 파워링크와 다음 프리미엄 링크와 같은 검색 광고는 단기적으로 고객 문의를 늘리는 데 효과적입니다.
- 장점 : 검색 결과 상단에 즉시 노출되어 고객의 전화 문의 증가.
- 단점 : 고비용 구조이며, 경쟁업체의 악의적 클릭 노출 등의 문제가 발생할 수 있음.

④ 영상 콘텐츠 제작

유튜브를 활용해 작업 과정을 담은 영상이나 특수청소의 중요성을 알리는 콘텐츠를 제작할 수 있습니다.
- 장점 : 흥미로운 시청각 자료로 고객의 관심을 끌 수 있음.
- 단점 : 영상 제작의 경쟁이 치열하며, 자극적인 콘텐츠를 제작해야 하는 경우도 있음.

2. 오프라인 영업 전략

① 장례문화업체와의 협력

장례식장, 상조회사 등과 협력해 의뢰를 받는 방법은 높은 성사율을 보장합니다.
- 장점 : 장례와 연계된 의뢰의 특성상 신속한 계약 체결 가능.
- 단점 : 소개 수수료(10~30%)가 발생하며, 장기적으로는 수익성이 낮아질 수 있음.

② 지역 기반 영업

원룸촌, 공공임대아파트, 관리사무소, 부동산 등 지역사회와의 접점을 늘리는 것도 효과적입니다. 명함, 팜플렛, 물티슈, 마스크 등 소형 광고물을 배포해 홍보할 수 있습니다.
- 장점 : 지속적이고 접근 가능한 고객 확보.
- 단점 : 초기에는 명확한 성과를 확인하기 어려울 수 있음.

③ 요양병원 및 장기요양시설과 협력
요양병원, 장기요양시설(요양원,주·야간 보호센터) 등과 같은 기관과의 협력은 장기적인 고객 확보에 유리합니다.
- 장점 : 정기적인 의뢰 가능성과 안정적인 매출 확보.
- 단점 : 수수료 발생으로 수익성이 제한적일 수 있음.

3. 추가 광고 및 매칭 플랫폼 활용

① SNS 광고
인스타그램, 페이스북 등의 SNS를 활용하면 사진과 짧은 동영상으로 작업 사례를 홍보할 수 있습니다.
- 장점 : 특정 연령대와 지역을 타겟팅하여 효과적으로 홍보 가능.
- 단점 : 지속적인 콘텐츠 제작과 관리가 필요하며, 광고비가 발생할 수 있음.

② 서비스 매칭 플랫폼 활용
숨고, 당근마켓과 같은 매칭 플랫폼을 통해 고객과 직접 연결될 수 있습니다.
- 장점 : 초기 창업자에게 저비용으로 고객 접근성을 높임.
- 단점 : 플랫폼 수수료가 발생하며, 경쟁이 치열할 수 있음.

📌 핵심 개념 정리

1. 특수청소관리사란?

특수청소관리사는 고독사, 자살, 범죄 현장, 화재 및 재난 피해 등 특수한 환경의 위생 및 안전 문제를 해결하는 전문가입니다. 이들은 위생 관리, 오염 제거, 악취 제거, 감염병 예방 등 전문적인 청소와 복구 작업을 수행하며, 고객의 민감한 상황을 존중하고 신속하고 정확한 서비스를 제공합니다.

2. 특수청소관리사의 업무 범위

- 오염 및 악취 제거 : 고독사, 자살, 범죄, 화재, 재난 피해 현장의 오염물 및 악취를 제거.
- 살균 및 소독 작업 : 감염병 예방 및 위생 개선을 위해 전문 약품과 장비를 사용한 살균·소독 실시.
- 유품 정리 및 처리 : 유족과 협력하여 고인의 유품을 정리하고, 법적 절차를 지원.
- 특수 현장 복구 : 현장 내 벽지, 장판 교체 등 물리적 복구 작업.
- 폐기물 관리 : 감염성 폐기물 및 생물학적 오염물을 환경법에 따라 안전하게 처리.
- 재난 및 사고 대응 : 화재 및 자연재해 현장의 복구 및 정화 작업.

3. 특수청소 로드맵

① 대상물 파악 : 현장의 상태와 오염 수준을 분석하여 작업 범위를 정의.
② 견적 산출 및 제출 : 작업 비용과 자원을 산출하고 고객에게 투명한 견적 제공.
③ 청소 계획 수립 : 청소 방법, 장비, 약품 등을 포함한 세부 작업 계획 수립.
④ 일정 조율 및 안전교육 : 작업 일정 조정과 인력의 안전 수칙 교육 실시.
⑤ 청소 작업 시행 : 전문가 협력으로 본격적인 청소 작업 진행.
⑥ 작업 확인 및 보완 : 작업 완료 후 현장을 점검하고 미비점 보완.
⑦ 고객 확인 및 승인 : 고객과 함께 작업 결과 검토 및 최종 승인.
⑧ 현장 정리 : 작업 후 현장을 깨끗하게 정리하여 복구.
⑨ 사후 관리 : 고객 요청에 따른 추가 지원과 후속 작업 제공.

4. 특수청소관리사에게 필요한 능력과 자질

- 전문 지식과 기술 : 오염물 제거, 소독, 복구 기술 및 관련 장비 사용 능력.
- 상황 대처 능력 : 긴급 상황에서 신속하고 냉철하게 문제를 해결하는 판단력.
- 신체적·정신적 강인함 : 체력과 정신력이 요구되는 특수 환경에서의 작업 수행 능력.
- 공감과 소통 능력 : 고객의 감정과 민감한 상황을 이해하고, 신뢰를 형성하는 대인 관계 능력.
- 윤리의식과 책임감 : 법적 규정 준수와 함께 고객 정보를 보호하고, 서비스 품질을 보장하는 책임감.

고독사 · 쓰레기집 · 위기 현장 청소 실무 가이드 | 특수청소 매뉴얼

3

의뢰인 유형과 상담 및 견적

The Special Cleaning Manual

3-1
의뢰인의 주요 유형과 특징 분석

의뢰인마다 처한 상황과 요구가 다르기에, 유형별로 고객의 특성을 이해하는 것은 매우 중요합니다. 각기 다른 배경에서 발생한 요청은 작업 방식과 범위를 결정하는 주요 기준이 됩니다. 이 장에서는 특수청소 의뢰인의 주요 유형을 다각도로 분석하고, 상담과 작업 과정에서 고려해야 할 요소들을 상세히 알아보도록 하겠습니다.

1) 유가족 의뢰

유가족은 특수청소 의뢰의 가장 큰 비율을 차지하는 고객층으로, 주로 고인의 장례 절차 중이거나 종료된 이후 서비스를 요청합니다. 고인의 주거 형태에 따라 청소 요청 시점과 작업 방식이 달라지며, 특히 고인의 집이 전·월세인 경우 보증금 반환을 위해 즉각적인 작업이 요구되는 경우가 많습니다.

- 작업 요청 시 사망진단서를 제출하여 청소 절차가 시작됨.
- 유품 정리와 청소 비용 : 50~200만원
- 철거 및 공사 비용 : 100만원 이상(폐기물 처리 비용 포함)
- 인테리어 복구 비용 : 100만원 이상(벽지, 장판 교체 및 인테리어 업체와 협업)

유가족은 심리적으로 민감한 상태에 있을 가능성이 높아, 배려 깊은 상담과 신속하면서도 정밀한 작업이 필수적입니다. 유가족의 입장에서 신뢰와 위로를 줄 수 있는 서비스가 핵심입니다.

2) 건물주 의뢰

건물주는 주로 금전적 손실과 사회적 평판을 고려해 특수청소를 의뢰합니다. 고독사로 인해 발생하는 악취와 소문은 건물의 이미지에 부정적인 영향을 미칠 수 있으며, 다른 세입자들의 불편이나 퇴실 요구로 이어질 가능성이 높습니다. 특히 무연고자 사망의 경우, 법적 절차와 비용 문제로 인해 복잡한 상황이 발생할 수 있습니다.

- 고독사 발생 시 주변 민원과 법적 문제에 대한 대응이 필요함.
- 보증금 기준으로 작업 예산을 설정하며 초과 되지 않도록 작업 범위를 협의.
- 무연고자 사망 시 지자체 비용 지원을 문의하며, 비용 부담 최소화 방안을 모색함.
- 복잡한 행정 절차와 민원 해결이 주요 관심사.

건물주는 신속하고 효율적인 문제 해결을 선호하며, 청소 후 공간이 다시 활용 가능하도록 복구 상태를 중시합니다.

3) 관리사무소 의뢰

임대아파트, 오피스텔, 대규모 아파트 단지를 관리하는 관리사무소에서는 주로 공용 공간이나 특정 거주자의 문제로 인해 특수청소를 요청합니다. 이들은 시신 부패로 인한 악취 제거와 오염물 제거를 주요 목표로 삼으며, 철거 및 공사가 불가한 경우가 대부분입니다.

- 시신 오염물 제거와 악취 문제 해결이 주요 작업 내용.
- 철거 및 공사를 포함하지 않는 한정된 작업 범위 내에서 진행.
- 작업 비용 부담이 민감한 문제로 작용.

관리사무소는 최소한의 비용으로 최대한의 효과를 얻는 것을 목표로 하며, 작업 과정에서 다른 거주자들에게 미치는 영향을 최소화하는 것을 선호합니다.

4) 지자체 및 단체 의뢰

지자체, 복지단체, 그리고 경찰서 및 관할 지구대는 고독사 현장이나 쓰레기집 문제와 같은 공공의 복잡한 과제를 해결하기 위해 특수청소를 의뢰하며, 그 해결 방법에도 세부적인 차이가 존재합니다.

(1) 지자체

- 독거노인 관련 고독사 현장의 청소 요청이 많음.
- 쓰레기집과 같은 위생 문제가 주요 작업 대상.
- 보증금(고독사)이나 예산 범위(쓰레기집) 내에서 청소 작업이 이루어짐.

(2) 복지단체 의뢰

복지단체의 특수청소는 자원봉사 개념으로 최소 비용과 제한된 자원을 활용해 기본적인 위생 관리와 공공의 선을 추구합니다. 전문성과 체계적 복구가 필요한 경우, 전문가와의 협력이 필수적입니다.

- 자원봉사 참여개념으로 작업 범위가 축소됨.
- 최소 비용으로 도움을 요청하며, 공공의 선을 추구.

5) 경찰서 및 지구대 의뢰

경찰서 및 관할 지구대에서는 살인사건이나 범죄 현장과 같은 특수한 상황에서 청소를 요청합니다. 이들은 사건의 특성상 청소뿐만 아니라 세심한 기록과 증거 보존이 요구됩니다.

- 살인 현장 청소 시 사진 촬영 및 기록 필수.
- 혈흔과 오염물 제거, 파손된 물건 폐기가 주 작업.
- 사건의 특성에 따라 작업 범위가 제한됨.

의뢰인의 유형과 특징을 면밀히 분석하면, 각 고객의 요구를 정확히 이해하고 이에 적합한 맞춤형 서비스를 제공할 수 있습니다. 이러한 접근은 고객 만족도를 높이고, 특수청소 서비스의 전문성과 신뢰성을 강화하는 데 기여합니다.

3-2
상담 시 필요한 사전 정보 수집법

특수청소 상담은 고객의 상황과 요구를 정확히 이해하고 최적의 해결책을 제시하는 핵심 단계입니다. 따라서 상담 시에는 철저한 사전 정보 수집이 이루어져야 하며, 이를 기반으로 작업 계획과 실행 방안이 체계적으로 수립됩니다. 성공적인 상담은 고객의 신뢰를 얻는 첫걸음이자, 효과적인 서비스 제공의 밑바탕이 됩니다. 아래는 상담 시 필수적으로 수집해야 할 정보와 이를 활용하는 방법을 구체적으로 설명합니다.

1) 현장의 기본 정보 파악

특수청소 작업은 현장의 특성과 상태에 따라 크게 달라지므로, 다음 정보를 우선적으로 수집해야 합니다.

- 청소 장소 : 주거지, 상업시설, 공공장소 등 공간의 용도를 명확히 파악합니다. 공간의 사용 목적은 청소 과정에서 어떤 장비와 절차가 필요한지를 결정하는 데 중요한 역할을 합니다.
- 면적 및 구성 : 공간의 크기와 방, 화장실 등 구성 요소를 확인하여 작업 범위와 소요 시간을 추정합니다.
- 상태 : 쓰레기나 오염물의 양과 종류(혈흔, 악취, 쓰레기 등)를 구체적으로 점검하여 필요한 자원과 인력을 계획합니다.

- 발생 상황 : 고독사, 사고, 범죄현장, 화재 등 사건의 종류와 발생 시점을 확인하여 적합한 절차와 대응 방식을 준비합니다.

2) 위생 및 위험 요소 확인

위생 문제와 잠재적 위험 요소는 특수청소 작업에서 반드시 사전에 파악해야 할 사항입니다.

- 위험 물질 : 혈액, 체액, 감염 위험 물질 등 작업자와 고객의 안전에 영향을 미칠 수 있는 요소를 철저히 점검합니다.
- 악취 강도 : 공간의 환기 상태와 악취의 원인을 분석하여 효과적인 제거 방식을 결정합니다. 악취가 심할수록 추가 장비나 전문 기술이 필요할 수 있습니다.
- 해충 문제 : 벌레나 설치류의 존재 여부를 확인하고, 필요 시 방역 작업을 계획에 포함합니다.

3) 작업의 긴급성 및 일정

특수청소 현장은 긴급한 상황이 자주 발생하므로, 작업의 시급성과 일정을 정확히 파악해야 합니다.

- 작업 시급성 : 즉각적인 처리가 필요한지 여부를 확인하여 우선순위를 설정합니다. 고객이 긴급한 상황에 처한 경우, 신속하고 유연한 대응이 중요합니다.
- 고객 일정 : 고객이 현장에 머무를 수 있는 시간과 작업 가능 시간을 파악

하여 조율합니다.
- 처리 기한 : 특정 기한 내에 작업이 완료되어야 하는 요구 사항을 확인해 일정 계획을 세웁니다.

4) 예산 및 고객의 요구 사항

고객의 예산과 구체적인 요청사항을 명확히 이해하는 것은 성공적인 상담의 핵심입니다.

- 예산 확인 : 고객이 부담 가능한 비용 범위를 미리 파악하여 현실적인 견적을 제시합니다.
- 추가 서비스 요청 : 냄새 제거, 감염 방지 소독, 폐기물 처리 등 고객이 원하는 추가 서비스를 논의합니다.
- 보고서 제공 여부 : 청소 후 사진, 작업 기록 등 보고서가 필요한지 여부를 확인하고 이에 대비합니다.

5) 현장 접근성 및 장비 준비

현장의 접근성과 필요한 장비를 사전에 확인함으로써 작업의 효율성을 높일 수 있습니다.

- 현장 접근성 : 엘리베이터, 계단, 주차공간 등 작업자와 장비가 원활히 접근할 수 있는지 점검합니다.
- 특수 장비 필요성 : 화학약품, 오염 제거 기계, 방역 장비 등 작업에 필요한 장비를 미리 준비합니다.

6) 심리적 지원 및 정보 관리

특수청소는 고객이 심리적으로 불안정한 상황에서 의뢰하는 경우가 많아, 정서적 배려와 민감한 정보 관리가 필요합니다.

- 정서적 배려 : 고객의 불안감을 완화하기 위해 공감과 존중의 태도로 상담을 진행합니다. 고객의 감정을 이해하고 배려하는 태도는 신뢰를 구축하는 데 중요한 역할을 합니다.
- 정보 보안 : 상담 과정에서 수집한 모든 정보는 철저히 비공개로 관리되며, 이를 고객에게 명확히 보장해야 합니다.

7) 효율적 상담을 위한 도구 활용

효율적인 상담을 위해 체계적인 도구와 방식을 활용하면 정보 수집과 대응이 용이해집니다.

- 체크리스트 활용 : 전화나 이메일 상담 시 주요 질문이 포함된 체크리스트를 사용하여 누락되는 정보가 없도록 합니다.
- 현장 사진 요청 : 고객이 가능하다면 간단한 현장 사진을 요청하여 상태를 시각적으로 확인합니다.
- 대면 상담 : 현장 방문을 통해 추가 정보를 확인하고 고객과 직접 소통함으로써 보다 구체적인 작업 계획을 수립합니다.

3-3
효과적인 온라인 상담 매뉴얼

온라인 상담은 고객과의 첫 접점에서 신뢰를 구축하고, 고객의 요구를 정확히 파악하여 최적의 서비스를 제공하기 위한 중요한 과정입니다. 이를 효과적으로 운영하기 위해서는 명확한 매뉴얼과 체계적인 접근 방식이 필요합니다. 아래는 효과적인 온라인 상담을 위한 매뉴얼 목차와 각 단계의 핵심 내용을 상세히 설명합니다.

1) 온라인 상담 절차 및 기본 정보 수집

온라인 상담의 첫 단계는 고객 요청의 본질을 파악하고, 정확한 정보를 수집하는 것입니다. 이를 통해 적합한 솔루션을 신속하게 제안할 수 있습니다.

(1) 필수 질문 목록

- 고인의 발견 시점 : 사망 후 몇 일이 경과했는지 확인하여 작업 난이도를 예측.
- 고인의 위치 : 바닥, 침대 등 사망 당시의 장소를 파악해 오염 범위를 추정.
- 집안 환경 : 장판의 종류와 집안 물건의 양 등 작업에 영향을 미칠 요소 점검.

(2) 접수방법

- 전화 상담 : 고객에게 대략적인 가격과 작업 범위를 신속히 안내.
- 홈페이지 접수 : 사진 및 텍스트를 활용해 현장 정보를 상세히 기록.

〈주의〉 고객에게 낮은 비용만을 강조하는 업체 선택이 추가 비용과 AS 문제를 초래할 수 있음을 사전에 안내하는 것이 좋습니다.

2) 오프라인 상담 및 견적 책정

현장 방문은 고객의 요구와 현장 상황을 직접 확인하며, 작업 계획을 세우는 중요한 단계입니다.

(1) 현장 견적 방식

- 무료 견적 : 고객의 부담을 줄이고 상담 성사율을 높이는 효과적 접근.
- 유료 견적 : 전문성을 강조하며, 현장 상태에 대한 정확한 평가 제공.

(2) 현장 상담의 이점

- 고객과 직접 소통하여 의견을 명확히 전달하고 요구를 반영.
- 공간의 실질적 상태를 파악함으로써 작업 효율성을 극대화.

온라인과 오프라인 상담의 각 과정에서 고객의 요구를 명확히 이해하고, 그에 맞는 전문적이고 공감 어린 대응을 통해 고객 만족도를 극대화하는 것이 중요합니다. 또한, 사후 관리와 피드백을 통해 지속적으로 서비스를 개선하고, 신뢰를 장기적으로 유지하는 것이 궁극적인 목표가 되어야 합니다.

[별첨3] 정리 서비스 접수 절차 예시

1. 고객 정보
  (성명/휴대폰)

2. 서비스 목록
  (유품정리/요양병원 입소로 인한 집 정리/시골 집 정리/이민 정리)

3. 상담
  긴급(24시간)/일반(09:00~18:00)

4. 지역
  주거 형태 (고시원/원룸·투룸/오피스텔/다가구·다세대/임대아파트/아파트/단독주택, 기타(컨테이너, 비닐하우스 등))

5. 면적
  - 거주 형태에 따라 다름
  - 아파트, 단독주택(평수에 따라 다름)

1평 ~ 2평	아주 작은 면적 (보통 소형 창고나 미니룸 크기)
3평 ~ 5평	작은 오피스텔이나 원룸 크기

6평 ~ 10평	중소형 원룸, 작은 주거 공간
11평 ~ 15평	일반적인 1~2인 가구용 소형 아파트
16평 ~ 20평	중소형 아파트 (작은 가족형 주택)
21평 ~ 30평	일반적인 3~4인 가족 주택
31평 ~ 40평	대형 아파트나 고급 주거 공간
41평 이상	고급 대형 주택이나 펜트하우스

6. 사다리차 사용 가능 여부

7. 기타 문의 사항

3-4
민감한 상황 대처법

　특수청소는 종종 감정적으로 민감한 상황에서 이루어지며, 고객은 극도의 불안과 스트레스를 겪고 있을 가능성이 높습니다. 이러한 상황에서는 고객의 감정을 존중하고, 세심한 배려와 전문성을 바탕으로 신뢰를 구축하는 것이 중요합니다.

1) 유족 상담 시 : 공감과 배려가 핵심

유족은 심리적으로 불안정한 상태에 있을 가능성이 높으므로, 상담 시에는 고객의 감정을 존중하고 공감 어린 태도로 대화해야 합니다.

- 공감과 차분한 어조

고객의 고통을 이해하고 이를 진심으로 위로하는 표현이 필요합니다.

(예) "많이 힘드실 텐데 저희가 모든 과정을 도와드리겠습니다."
"이런 상황에서 어려움을 겪고 계실 텐데, 최선을 다해 돕겠습니다."
"걱정하지 마세요. 경험 많은 저희 팀이 안전하고 신속하게 처리하겠습니다."

- 전문적인 도움 강조

고객이 상황을 해결할 수 있도록 신뢰감을 줄 수 있는 전문성을 어필합니다.

(예) "유족분들의 부담을 최소화할 수 있도록 모든 작업을 신속 정확하게 진행하겠습니다."
"현재 상황에 적합한 처리 방안을 특수청소관리사분들이 준비하고 있습니다. 신뢰하셔도 좋습니다."

2) 현장 상태 설명 시 : 중립적이고 객관적인 언어 사용

고객에게 현장 상태를 전달할 때는 감정적 표현을 피하고, 객관적이고 차분한 언어로 설명해야 합니다.

- 중립적인 표현

현장의 상태를 있는 그대로 전달하며, 필요한 조치에 대해 구체적으로 설명합니다.

(예) "상황을 모두 확인했으며, 필요한 조치를 바로 진행하겠습니다."

"현재 공간 내 오염물은 전문 장비로 처리 가능하며, 곧 정리하겠습니다."

"상태를 점검한 결과, 몇 가지 추가 조치가 필요해 안내드립니다."

- 불안 완화

고객의 불안을 줄이기 위해, 상황이 잘 관리되고 있음을 강조합니다.

(예) "걱정하지 않으셔도 됩니다. 모든 것이 안전하게 진행되고 있습니다."

"전문적으로 작업을 진행하니 안심하셔도 됩니다."

"오염물과 악취 문제 모두 계획대로 해결할 수 있습니다."

3) 비용 갈등 발생 시 : 투명성과 협의를 통한 신뢰 형성

비용 문제는 민감한 부분이므로, 투명하게 설명하고 고객이 선택할 수 있는 옵션을 제시하여 신뢰를 얻는 것이 중요합니다.

- 투명한 정보 제공

고객이 비용 내역을 이해할 수 있도록 구체적으로 설명합니다.

(예) "작업 내역에 따라 비용이 책정되었으며, 상세 내역은 이렇습니다."
"이 금액은 장비와 인력 투입 기준으로 산정되었습니다."
"세부 항목별로 조정할 수 있는 부분을 함께 검토해 보겠습니다."

- 선택지 제공

다양한 옵션을 제시해 고객이 상황에 맞게 결정할 수 있도록 돕습니다.

(예) "다른 방식으로 진행하면 비용을 줄일 수 있습니다. 몇 가지 옵션을 안내드리겠습니다."
"필수 작업과 선택 작업으로 나눠서 진행할 수 있습니다."
"냄새 제거만 우선 진행하고, 나머지는 추후 결정하셔도 됩니다."

4) 다양한 상황 대처 사례

(1) 쓰레기집 청소 시 고객과의 갈등

고객이 현장에 있으면서 모든 물건이 필요하다고 주장하며 정리를 방해하는 상황이 자주 발생합니다.

- 청소 전에 고객과 버릴 물건과 남길 물건에 대한 기준을 명확히 설정하고, 문서로 합의합니다.
- 작업 중에는 고객이 작업을 방해하지 않도록 사전 동의를 구하고, 일정 공간에서 대기하도록 안내합니다.

(예) "고객님, 청소 작업을 원활히 진행하기 위해 어떤 물건을 남기고, 어떤 물건을 처리할지 미리 정리하는 것이 중요합니다. 합의된 내용을 문서로 작성하여 명확히 안내드리겠습니다. 작업 중에는 대기 공간에서 잠시 기다려주시면 더 안전하고 빠르게 진행할 수 있습니다."

(2) 특수청소 작업 시 약품 사용의 문제점

특정 약품을 사용해도 효과가 기대에 미치지 못해 작업 시간이 길어지고 결과가 미흡한 경우

(예) 화재 현장의 그을음 제거.

- 약품 사용 전 비율 조정과 테스트를 통해 효과를 확인합니다.

- 작업 중 심한 오염은 시간 연장이나 추가 비용이 필요함을 고객에게 사전에 고지합니다.
- 약품의 사용법과 적용 방법을 충분히 연습하고 습득해 실수를 줄입니다.

(예) "고객님, 현장에서 확인한 결과 그을음과 냄새가 예상보다 심해 추가 약품 사용이 필요합니다. 약품 비율을 조정하며 작업 중이며, 상황에 따라 작업 시간이 길어질 수 있습니다. 추가 비용이 발생할 수 있다는 점 미리 안내드립니다."

(3) 고독사 현장 청소 시 폐기물 처리 및 소통 문제

유가족 또는 관계자가 폐기물 처리를 요청하지만 예산과 처리 기준에 대해 이견이 발생합니다.

- 폐기물 처리 비용과 절차를 사전에 고객에게 충분히 설명하고, 동의서를 작성해 기준과 예산을 명확히 설정합니다.
- 작업 전·후 사진을 기록으로 남겨 고객이 불만을 제기할 가능성을 줄입니다.

(예) "고객님, 폐기물 처리는 환경법에 따라 안전하게 처리해야 합니다. 처리 비용은 XX만 원으로 예상되며, 작업 전·후 사진을 남겨 투명하게 보고드리겠습니다. 동의해 주시면 바로 작업을 시작하겠습니다."

(4) 화재 현장 청소 시 냄새 제거의 어려움

고객이 냄새 제거를 단번에 해결할 것을 기대하지만, 벽지나 바닥 깊이 스며든 냄새로 인해 여러 차례 작업이 필요할 수 있습니다.

- 화재 현장의 냄새 제거 작업은 여러 번에 걸쳐야 할 수 있음을 고객에게 설명합니다.
- 벽지와 장판의 교체 필요성과 추가 비용 발생 가능성을 사전에 고지합니다.

(예) "고객님, 화재 현장의 냄새 제거는 벽지와 바닥에 냄새가 깊이 스며든 경우가 많아 단 한 번의 청소로 완전히 제거되기 어려울 수 있습니다. 추가 청소나 구조물 교체가 필요한 경우 예상 비용과 작업 계획을 상세히 안내드리겠습니다."

이처럼 민감한 상황에 대한 세심한 대처는 고객과의 신뢰를 형성하는 데 매우 중요한 역할을 합니다. 공감, 객관성, 투명성, 그리고 긍정적인 메시지를 바탕으로 한 상담은 고객에게 심리적 안정감을 제공하며, 궁극적으로는 특수청소 서비스의 성공과 만족도를 높이는 데 기여합니다.

3-5
작업 준비 및 인력·장비 세팅

특수청소 작업의 성공은 철저한 사전 준비와 체계적인 계획에서 시작됩니다. 현장을 면밀히 점검하고 적절한 인력 및 장비를 세팅하는 과정은 작업의 효율성과 안전성을 확보하며, 고객의 신뢰를 얻는 데 중요한 역할을 합니다.

1) 현장 사전 점검과 준비

작업에 앞서 현장을 철저히 점검하고 필요한 사항을 사전에 준비하는 것은 작업의 품질을 높입니다.

(1) 초기 평가

현장에 진입하기 전에 오염의 정도와 필요한 청소 방법을 평가합니다. 이를 통해 작업의 난이도와 소요 시간을 예측하고, 적합한 장비와 자원을 준비합니다. 만약 접근성이 제한된 건물의 경우, 소형 장비나 휴대용 장비를 활용한 작업 계획이 추가적으로 필요합니다.

<주요 점검 항목>
- 엘리베이터 유무 및 접근성 확인
- 전기와 수도 사용 가능 여부

- 오염물질의 종류(혈흔, 체액, 쓰레기 등) 및 분포 상태

(2) 작업 범위 설정

청소 공간의 면적, 오염 종류 및 강도를 분석해 작업 범위를 설정합니다. 예를 들면 오염이 심각한 구역은 고온 증기 청소기를 사용하거나 상대적으로 경미한 구역은 소독제로 처리할 수 있습니다.

2) 인력 배치 및 시간 계획

효율적인 작업 진행을 위해 인력을 적절히 배치하고 세부적인 시간 계획을 수립합니다.

(1) 필요 인력 산출

작업 범위와 오염 정도에 따라 필요한 인력을 배치하고 각자의 역할을 명확히 설정합니다.

- 심한 악취 제거 작업에는 추가 인원을 배치해 시간을 단축.
- 대형 현장은 팀 단위로 구역별 분담 작업.

(2) 시간 계획 수립

고객이 요구하는 완료 기한을 준수하기 위해 작업 시간을 구체적으로 책정합니다.

- 고객이 요청한 기한 내에 작업이 끝날 수 있도록 단계별 일정표 작성.
- 예상 작업 시간과 실제 소요 시간의 차이를 줄이기 위한 정기 점검 포함.

3) 보호 장비 착용

작업 중 오염 물질로부터 작업자를 보호하기 위해 적절한 보호 장비를 착용하는 것은 필수입니다.

(1) 기본 보호 장비
- 방독면 : 공기 중 유해 물질이나 악취로부터 작업자를 보호.
- 고무장갑 : 화학 약품 및 유해 물질과의 직접 접촉을 방지.
- 방수복 : 오염 물질의 피부 접촉 차단.

(2) 안전 점검
보호 장비의 상태를 작업 전 확인하고, 필요한 경우 추가 장비를 제공하여 작업자 안전을 보장합니다. (예: 방독면 필터 상태 확인, 손상된 장갑 교체)

4) 장비 및 약품 준비

작업의 효율성을 극대화하고, 고객이 원하는 결과를 달성하기 위해 적합한 장비와 약품을 사전에 준비합니다.

(1) 필수 장비 준비

- 고온 증기 청소기 : 심각한 오염 물질 제거.
- 산업용 청소기 : 먼지 및 쓰레기 청소.
- 살균 장비 : 바이러스 및 박테리아 제거.
- 추가 장비 : 현장 상태에 따라 소형 또는 특수 장비 보강.

(2) 약품 준비

- 소독제와 살균제 : 오염 상태에 맞는 약품 종류와 비율 설정.
- 작업 중 약품의 안전 사용 지침을 철저히 준수하여 환경 및 작업자 안전 확보.

5) 현장 접근 및 세팅

모든 준비가 완료된 후, 현장에 접근하여 장비와 인력을 적절히 배치하고 작업 환경을 점검합니다.

(1) 현장 접근성 확인

- 장비 반입 경로와 작업 동선을 확보하여 효율성을 극대화.
- 주차 공간 및 작업 구역의 동선을 사전에 계획.
- 예: 복잡한 건물 구조는 소형 장비를 이용한 순차적 작업 계획 필요.

(2) 작업 구역 세팅

- 작업 구역을 분리하여 청소 전·후 상태를 명확히 구분.
- 주요 구역별 작업 순서를 정하고, 청소 과정을 고객에게 투명하게 공유.
- 예: 고객이 민감한 구역(예: 유품 보관 구역)에 대해 세부 작업 지침 요청 시, 이를 반영.

3-6
견적 산출 및 비용 구조 이해

특수청소 작업의 성공적인 진행은 명확한 견적 산출과 효율적인 비용 관리에서 시작됩니다. 작업 조건에 따라 달라지는 비용 구조를 이해하고 이를 고객에게 투명하게 제시하는 것은 신뢰 구축과 서비스 품질 향상의 핵심 요소입니다. 이 장에서는 견적에 영향을 미치는 주요 요소와 비용 구성 요소를 중심으로, 견적 산출의 전반적인 과정을 상세히 설명합니다.

1) 견적에 영향을 미치는 주요 요소

특수청소의 견적은 다양한 환경적 요인과 현장 조건에 의해 결정됩니다. 정확한 견적 산출을 위해 작업 현장을 면밀히 점검하는 과정이 필수적입니다.

(1) 접근성

작업 현장에 쉽게 접근할 수 있는지 여부는 비용에 직접적인 영향을 미칩니다. 작업 현장이 고층 건물이거나 접근이 어려운 경우 장비 반입과 폐기물 운반에 추가 비용이 청구됩니다.

(예) 사다리차 사용 비용, 장비 반입의 어려움에 따른 추가 인력 투입.

견 적 서

관련 기관(업체명) (사업자등록번호)

업체 주소

대표이사 : ○ ○ ○ (직인)

☎ : 010 - XXX - XXXX /FAX : XXX - XXXX - XXXX

(위탁 업체명) 귀중

일 자 :   년   월   일

아래와 같이 견적 합니다.

작 업 명 : 아파트 주거환경개선 생활폐기물 수거&처리 및 특수청소 작업

金 額 :   원정 (₩   원/VAT포함)

순번	품 목 및 내 용	인원(단위)	기간(수량)	단가	공급액	세액	비고
1	노무비(기공)	3	1				생활쓰레기 수거 및 처리
	노무비(조공)	2	1				청소 작업인원
2	주거환경개선 약품비	식	1				
	친환경세제비	식	1				
	청소용품 및 소모품	식	1				
	안전보호장비비	식	1				
3	생활폐기물처리비	식	1				폐기처리확인서(3.5톤~5톤미만)
	음식물수거처리비	식	1				
	세척&청소장비비	식	1				고압세척/샌딩장비등
	작업 공구손료	식	1				(노무비 × 3%)
	일반작업관리경비	식	1				(노무비 × 5%)
	합 계				-	-	
4	공급액의 약5% 일반관리비(①노무비+②재료비+③경비)×5%				-	-	
5	공급액의 약5% 기업이윤(①노무비+②재료비+③경비+④일반관리비)×5%				-	-	
	최종견적금액				-	-	백단위절사
6	작업범위						
	전체내부	생활/음식물/가구/가전등 쓰레기 수거 & 처리 및 청소작업				1.해충방제 및 covid-19소독방역업		
	전체내부	실내 항균 살균소독 및 해충방제 살충작업				2.냉난방기 종합세차 및 필터청소업		
	전체내부	실내 벽지/장판등 철거작업 제외임(협의후별도견적)				3.저수조 청소 및 위생 용품업		
	전체내부	TV/건조기/붙박이장/씽크대등 기본설치가구 철거제외				4.청소인원 관리용역업		
						5.건물시설 관리업		
	기타	작업일정 협의				6.실내공기 살균소독기 렌탈 및 판매		
	중소기업 소상공인 확인서 보유						

<특수청소 견적서(샘플)양식>

(2) 엘리베이터 유무

아파트나 고층 건물에서 엘리베이터를 사용할 수 없는 경우, 장비와 폐기물 운반 시간이 증가하여 추가 비용이 발생합니다.

(예) 엘리베이터 사용료가 부과되거나, 고층 건물의 경우 사다리차를 사용해야 할 수 있음.

(3) 폐기물 처리 여부

폐기물의 양과 종류는 비용 산정에 큰 영향을 미칩니다. 특히, 쓰레기집 청소처럼 대량의 폐기물이 발생하는 경우 처리비와 인력 투입 비용이 증가하며, 특수 폐기물의 경우 추가 약품 및 장비가 필요합니다.

(참고 사례) 1톤 트럭 기준 폐기물 처리 비용은 2025년 03월 기준 약 70만 원(인건비, 처리비, 이동 경비 포함)으로 산정되며, 처리량에 따라 비용이 증가됩니다.

2) 비용 구성 요소

특수청소의 비용은 몇 가지 주요 항목으로 구성되며, 각 항목이 전체 비용에서 차지하는 비중은 작업의 성격과 범위에 따라 달라질 수 있습니다.

(1) 인건비

인건비는 전체 비용의 큰 비중을 차지하며, 작업 난이도와 인력 경험에 따라 달라집니다. 초보자와 경력자의 급여 차이를 반영하여 예산을 책정하며, 작업 범위가 넓거나 난이도가 높은 경우 추가 인력을 배치해야 하므로 인건비가 증가할 수 있습니다.

(2) 폐기물 처리 비용

폐기물 처리 비용은 전체 비용의 50% 이상을 차지하며, 쓰레기의 양과 처리 난이도에 따라 변동됩니다. 또한 대량의 유품 정리 작업 시 발생하는 폐기물도 산출하여 합산되어야 합니다.

(3) 약품 및 장비 비용

소독제, 다목적 세정제, 고온 증기 청소기 등 약품과 장비 비용은 전체 비용의 10~20% 정도를 차지합니다. 약품의 종류와 사용 비율은 현장 오염 상태에 따라 달라질 수 있습니다.

(4) 특수 작업 추가 비용

쓰레기집 청소, 유품 정리 등 특수 작업은 추가 장비와 인력 투입이 필요하므로 별도의 견적 산출이 필요합니다.

(예) 악취 제거를 위해 추가 장비(딜취제 분시기 등)가 필요하거나, 오염이 심한 경우 방역 작업을 추가.

3) 현장 방문을 통한 견적 산출 방법

정확한 견적 산출은 현장 방문을 통해 이루어지며, 작업 범위와 조건을 구체적으로 평가하는 과정이 포함됩니다.

(1) 청소 범위와 작업 조건 점검

작업 구역의 면적, 층수, 오염 정도 등 세부적인 요소를 확인합니다. 대형 아파트의 경우 각 층별로 작업 시간을 산출하고, 오염 정도에 따라 장비와 약품을 배치합니다.

(2) 현장 조건 반영

엘리베이터 유무, 접근 경로, 폐기물 운반 거리 등 물리적 조건을 견적에 반영합니다. 고층 건물에서 사다리차를 사용할 경우 장비 임대료가 추가될 수 있습니다.

(3) 견적 산출의 투명성 강조

고객에게 견적 산출 과정을 명확히 설명하고, 각 항목별 비용을 투명하게 공개하여 신뢰를 형성합니다.

4) 고객과의 계약 및 동의서 작성

견적 산출 후에는 고객과의 계약을 통해 작업 범위와 비용 구조를 명확히 정의해야 합니다.

(1) 표준 계약서 작성

계약서에 작업 범위, 비용 구성, 추가 비용 발생 가능성을 명확히 기재합니다. 즉, 고객 요청으로 발생할 수 있는 추가 작업 항목과 그에 따른 비용을 반드시 명시합니다.

(2) 고객 동의 확보

고객이 계약 내용을 충분히 이해하고 동의했음을 확인하며, 사전 동의를 통해 작업 중 발생할 수 있는 갈등을 예방합니다.

📌 핵심 개념 정리

1. 특수청소 의뢰 시 상담에 필요한 내용

- 현장 상태 파악 : 오염 수준, 장소의 특성(예: 고독사 현장, 쓰레기집) 및 접근성 확인.
- 작업 범위 설정 : 청소가 필요한 공간의 면적, 오염된 물품, 폐기물 처리 여부를 명확히 정의.
- 의뢰인의 요구사항 확인 : 유품 정리, 인테리어 복구 여부, 추가 요청 사항을 파악.
- 안전 및 법적 요소 고려 : 약품 사용, 환경법 준수 여부와 민감한 현장의 법적 요건 확인.

2. 효과적인 온라인, 오프라인 상담 매뉴얼

1) 온라인 상담 매뉴얼 :
- 고인의 발견 시점과 위치 등을 파악하여 작업 난이도와 오염 범위 추정.
- 벽지, 장판 종류 및 물건 양 등 작업 영향 요소 확인.
- 고객 질문에 신속하고 정확하게 대응하며, 가격과 서비스 내용을 투명하게 공개.

2) 오프라인 상담 매뉴얼 :
- 현장 점검을 통한 구체적인 작업 계획 수립.
- 고객과의 대면 상담에서 신뢰 형성을 위해 공감과 전문성을 강조.
- 견적 제공과 작업 일정 조율을 명확히 전달.

3. 특수청소 비용 구조 및 산출방법

1) 비용 산출 기준 :
- 현장 조건 : 오염의 정도, 폐기물의 종류와 양, 접근성.
- 작업 소요 시간 : 작업 규모에 따른 인력과 시간 투입.
- 장비 및 약품 사용 : 소독제, 탈취제, 청소 장비 등 사용 자원의 종류와 양.
- 폐기물 처리 비용 : 지정된 업체를 통한 폐기물 처리 및 관련 법규 준수 비용.

2) 투명한 비용 안내 :
- 고객에게 세부 항목별로 구체적인 비용 내역을 설명.
- 추가 작업 발생 시 사전에 협의하여 신뢰 구축.

4. 견적에 영향을 미치는 주요 요소

1) 접근성
- 작업 현장 접근이 어려운 경우 추가 비용 발생.
- (예: 사다리차 사용, 추가 인력 투입 등)

2) 엘리베이터 유무
- 엘리베이터가 없거나 사용 불가 시 장비와 폐기물 운반 비용 증가.
- (예: 엘리베이터 사용료, 사다리차 사용 필요)

3) 폐기물 처리 여부
- 폐기물 양과 종류에 따라 비용이 달라짐.
- (예: 1톤 트럭 기준 약 70만 원, 특수 폐기물 처리 시 추가 비용)

고독사·쓰레기집·위기 현장 청소 실무 가이드 | 특수청소 매뉴얼

4

특수청소 준비와 안전관리

The Special Cleaning Manual

4-1 작업 전 사전준비 및 현장 분석

특수청소는 현장 접근, 작업 절차, 청소 범위 설정 등 사전 단계에서 세심한 계획을 수립하면 작업의 품질을 높이고, 작업 중 발생할 수 있는 문제를 효과적으로 예방할 수 있습니다.

1) 현장 접근과 조율

작업 전 현장의 접근성과 관련 기관 또는 관계자와의 조율은 원활한 작업 진행을 위한 필수 단계입니다.

(1) 기관과의 사전 조율

특수청소 현장은 종종 지자체, 복지팀, 또는 관련 기관의 개입이 필요한 경우가 많습니다. 작업을 시작하기 전에 해당 기관과 협의하여 절차와 역할을 명확히 합니다. 특히 독거노인 관련 고독사 현장은 지자체와 작업 계획을 공유하고, 지원 범위를 조율해야 합니다.

(2) 현장 관리 및 통제

작업 중 거주자나 관계자가 현장에 있지 않도록 조치하여 안전성과 작업 효율성을 높입니다. 만약 유족이 현장에 있을 경우 감정적 부담이 커질 수 있으므로 사전에 작업 공간을 분리하고 대기 공간을 제공하는 것이 좋습니다.

2) 냄새 제거와 청소 범위 협의

특수청소에서 냄새 제거는 주요 작업 중 하나로, 고객과의 사전 협의를 통해 문제를 예방할 수 있습니다. 쓰레기집의 경우 청소 후 악취가 남을 가능성을 평가하고, 이를 해결하기 위한 탈취 작업을 계획합니다. 고객이 청소 후 불만을 갖지 않도록 예상 결과와 한계를 사전에 설명하는 것이 중요합니다.

3) 작업 절차 설정

작업 절차를 체계적으로 수립하고 사전에 명확히 기록하면, 작업 중 발생할 수 있는 혼선을 최소화할 수 있습니다.

(1) 현장 견적 산출

작업 시작 전에 오염 정도와 작업 범위를 평가하여 견적을 산출합니다. 예를 들어 폐기물의 양, 청소 면적, 오염 수준을 기반으로 작업 단계를 설계합니다.

(2) 폐기물 분리수거 및 준비

작업 전에 폐기물을 분리수거하고, 특수 폐기물(오염된 유품, 독성 물질 등)은 별도로 처리 방안을 마련합니다. 또한 재활용 가능 물품과 일반 쓰레기를 분리하여 폐기 비용을 절감하도록 합니다.

(3) 소독 및 약품 테스트

작업에 사용할 약품을 미리 테스트하여 안전성과 효과를 확인합니다. 약품이 특정 재질에 미치는 영향을 사전에 확인해 작업 중 발생할 수 있는 손상을 미연에 방지합니다.

(4) 계약서 작성

작업 범위, 예상 소요 시간, 추가 비용 발생 가능성을 포함한 모든 작업 절차를 계약서에 명확히 기재하여 책임 소재를 분명히 합니다.

4) 문제 예방 및 투명성 확보

현장 점검을 통해 발생할 수 있는 위험 요소를 사전에 파악하고, 작업 중 발생할 수 있는 돌발 상황에 대비합니다. 예를 들어 전기 사용 가능 여부 점검, 접근 경로 확인, 추가 장비 필요성 평가합니다.

또한 작업 과정과 예상 결과를 고객에게 투명하게 설명하여 신뢰를 형성합니다. 예상 청소 시간, 작업 완료 후 상태, 추가 작업 가능성에 대해 사전에 논의할 필요가 있습니다.

4-2 청소 계획 수립 및 단계별 작업 절차

특수청소는 철저한 계획 수립과 체계적인 단계별 작업 절차가 필수적입니다. 각 단계는 현장의 상태와 고객 요구에 맞춰 설계되며, 작업의 효율성과 품질을 극대화합니다.

1단계 : 쓰레기 및 대형 폐기물 처리

작업의 첫 단계는 현장에 산재한 쓰레기와 대형 폐기물을 제거하는 것입니다. 이는 청소 작업의 기본 틀을 잡고, 오염물 제거와 작업 공간 확보를 동시에 이뤄냅니다.

(1) 작업 내용
- 폐기물의 양과 종류를 사전에 확인한 후, 분리수거를 통해 효율적으로 처리.
- 대형 폐기물(가구, 가전제품 등)은 안전한 방법으로 운반하고, 필요한 경우 폐기물 전용 차량 배치.

(2) 중점 사항
- 재활용 가능한 물품과 일반 쓰레기를 구분하여 처리 비용 절감.
- 폐기물 이동 경로와 작업 공간의 동선을 고려해 작업 효율성을 높임.
- 예: 좁은 골목에 위치한 현장은 소형 차량을 활용하거나 운반 동선을 별도로 설계.

2단계 : 소독 및 방역(초기 방제 작업)

소독과 방역은 현장에서 발생할 수 있는 해충 문제와 오염물질 확산을 방지하기 위한 필수 단계입니다. 쓰레기 제거 후 바로 진행하는 것이 이상적이며, 초기 소독 작업은 이후 청소 단계의 효과를 극대화하는 데 기여합니다.

(1) 작업 내용
- 약품을 사용해 해충을 방제하고, 감염 위험 물질이 있는 구역을 중심으로 집중 소독.
- 바닥, 벽, 천장 등 주요 오염 부위에 소독제를 살포하여 미생물과 세균 제거.

(2) 중점 사항
- 약품 사용 전, 현장 조건과 약품의 적합성을 평가.
- 작업자 보호를 위해 방독면, 방수복, 고무장갑 등 보호 장비 착용 필수.
- 예: 고온 다습한 현장은 방제 작업 후 환기와 추가 소독 작업이 필요.

3단계 : 오염 제거(고온 증기 청소기 사용)

심각한 오염물 제거는 초기 방제 작업 후 진행하는 것이 적절합니다. 고온 증기를 활용해 벽지나 바닥 등에 스며든 잔여 오염물 및 깊이 침투된 오염을 제거할 수 있습니다.

(1) 작업 내용

- 고온 증기 청소기를 사용해 끈적이거나 깊이 침투된 오염을 제거.
- 벽지, 바닥, 천장 등의 오염 구역에 반복적으로 작업하여 잔여 오염 제거.

(2) 중점 사항

- 높은 온도와 압력을 사용하는 장비의 특성을 고려해 표면 손상을 방지.
- 오염이 심한 구역은 추가 약품과 장비를 병행 사용.
- 예: 벽지의 색상이나 재질에 따라 작업 강도를 조정하여 손상 방지.

4단계 : 다목적 세정제 사용

고온 증기 처리로 대량 오염을 제거한 후, 다목적 세정제를 사용하여 세밀한 세정을 진행합니다. 찌든 때와 일반 오염을 단계적으로 제거하며 표면의 깨끗함과 위생을 동시에 확보합니다.

(1) 작업 내용

- 벽, 바닥, 가구 표면의 일반 오염물 제거를 위해 다목적 세정제 사용.
- 세정제를 도포한 후 충분히 작용시킨 뒤, 잔여물을 닦아냄.

(2) 중점 사항

- 세정제가 특정 표면에 손상을 줄 가능성이 있는 경우 테스트 후 사용.
- 오염 강도가 낮은 구역은 약품 농도를 조정하여 불필요한 낭비 방지.
- 예: 유리나 금속 표면은 별도의 세정제로 추가 작업.

5단계 : 마무리 소독 및 탈취

모든 청소 작업이 완료된 후 냄새와 미세한 오염을 제거하는 단계입니다. 현장을 쾌적하고 안전하게 마무리하기 위해 소독과 탈취 작업을 진행합니다.

(1) 작업 내용

- 탈취제를 사용하여 냄새를 제거하고, 소독제를 통해 잔여 세균을 제거.
- 작업 완료 후 장시간 환기를 통해 공기 질을 개선.

(2) 중점 사항

- 고객과 협의한 탈취 작업 강도를 조정하여 작업 후 만족도를 극대화.
- 환기 작업 중에는 작업 완료 시간과 예상 결과를 고객에게 투명하게 공유.
- 예: 오염이 심했던 구역은 탈취제 분사 후 공기 순환 장치를 추가로 사용.

청소 계획 수립과 단계별 작업 절차는 체계적이고 신중하게 진행되어야 합니다. 각 단계는 현장의 상태와 고객의 요구를 충족시키기 위해 설계되어야 하며, 철저한 준비와 체계적인 실행을 통해 공간을 안전하고 쾌적하게 복구하여 고객 만족도를 극대화합니다.

4-3 긴급 상황 및 예기치 않은 문제해결 방법

특수청소 현장은 작업 중 예상치 못한 긴급 상황이나 위험 요소가 발생할 가능성이 높은 환경입니다. 고독사 현장, 쓰레기집, 화재 현장 등 각기 다른 특성을 가진 작업 현장에서 안전을 확보하고 문제를 효과적으로 해결하기 위해 철저한 대비와 신속한 대처가 필요합니다.

1) 현장 위험 요소와 대처 방법

특수청소 현장은 작업 환경에 따라 다양한 위험 요소를 내포하고 있으며, 이를 사전에 인지하고 적절히 대응하는 것이 중요합니다.

(1) 고독사 현장

① 위험 요소
- 감염성 물질 : 혈액, 체액 등.
- 환경적 문제 : 악취, 세균 번식.

② 대처 방법
- 보호 장비 착용 : PPE(마스크, 장갑, 방호복) 착용으로 작업자 안전 확보.
- 철저한 소독 : 약품을 활용하여 감염성 물질을 제거하고, 작업 전후로 소독제 사용.

- 교차 감염 방지 : 오염 구역의 구획화 및 반복 소독으로 감염 확산 예방.

③ 특이 사항
- 인간 존엄성 존중 : 고인의 삶과 유족의 감정을 배려하며 작업 진행.
  (고인을 향한 묵념 후에 청소 작업 진행)
- 유족 공감 : 심리적 충격을 고려하며 유족과의 소통 유지.

(2) 쓰레기집
- 위험 요소 : 악취, 해충(벌레, 쥐), 날카로운 물체로 인한 부상 위험
- 대처 방법 : 두꺼운 장갑, 방수복 착용. 분리수거 작업 시 독성물질에 주의
- 환경적 영향 : 폐기물 처리 시 환경오염 방지. 재활용 가능 품목은 분리 처리

(3) 자살 및 범죄 현장
- 위험 요소 : 혈흔, 체액, 화학물질 사용 흔적.
- 대처 방법 : 유독가스 잔류물 제거, 살균 및 소독 작업 병행, 법적 증거물 훼손 방지.
- 특이 사항 : 작업 중 법적 규정을 준수하며, 관할 경찰청이나 기관의 협조를 받음.

(4) 화재 현장
- 위험 요소 : 그을음, 화재 잔여물, 냄새, 구조물 손상
- 대처 방법 : 방독면 착용, 충분한 환기 진행, 고온 증기 청소기를 활용한 그을음 제거, 환기 장치를 활용한 냄새 완화

2) 비상 상황 발생 시 대응 방법

작업 중 비상 상황이 발생했을 때 신속하고 체계적으로 대응하기 위한 절차를 반드시 수립해야 합니다. 작업 중 문제가 발생하면 즉시 상황을 파악하고 응급 조치를 취합니다. 만약 약품이 피부에 닿았을 경우 흐르는 물로 씻어내고, 응급처치를 진행합니다. 심각한 상황에서는 119에 신고 후, 내부 지휘 계통에 따라 상황을 보고합니다. 현장 보존을 위해 사진 촬영과 기록을 병행하여 추후 사고 분석과 개선에 활용합니다. 상황에 따른 적절한 조치를 완료한 후, 작업 완료 보고서를 작성하고 개선점을 도출합니다.

3) 특수청소 시 비상상황 대비 실무적 조치

(1) 안전사고 대비

- 현장 진단 및 안전교육 : 작업 전 안전 위험 요소를 점검하고, 모든 작업자에게 안전교육 실시.
- 예방 조치 : 작업 경로 확보, 보호 장비 착용, 약품 안전 사용 등 예방 조치를 철저히 준수.
- 사고 대응 보고 : 안전사고 발생 시 즉시 대응하고 결과를 보고하여 재발 방지 대책 마련.

(2) 시설물 돌발사고 대응

- 원인 파악 : 사고 원인을 신속히 분석하고, 작업에 미치는 영향을 평가.
- 안전관리 매뉴얼 준수 : 돌발 상황에 대비한 매뉴얼에 따라 대처 및 결과보고.

(3) 자연재해 대비

- 매뉴얼 작성 : 폭우, 태풍 등 자연재해에 대비한 매뉴얼을 사전에 수립.
- 교육 및 연습 : 작업자가 자연재해 발생 시 대응할 수 있도록 교육과 모의 훈련 실시.
- 감염병 대응 : 감염병 발생 단계에 따라 청소 작업 강도를 조정하고, 약품 사용을 강화.

4) 약품 사용 중 응급조치 요령

약품은 작업 중 필수적으로 사용되지만, 잘못된 사용으로 인해 건강상의 문제가 발생할 수 있습니다. 이를 예방하기 위한 응급조치 요령은 다음과 같습니다.

(1) 피부 및 눈 접촉 시

- 흐르는 물로 15~20분간 충분히 세척하며, 오염된 의복은 즉시 제거합니다.
- 예: 소독제가 눈에 들어간 경우 생리식염수를 이용해 세척.
  생리식염수가 없을 경우 눈을 향해 흐르는 물을 10~15초 정도 두어 차례 흘려보냄.

(2) 약품 흡입 시

- 신선한 공기를 마시도록 작업장을 벗어나고, 증상이 지속될 경우 동료에게 도움을 요청합니다.
- 예: 약품 흡입으로 두통이나 어지러움이 발생하면 휴식을 취하며 상태를 지속적으로 관찰.

(3) 심각한 이상 증상 발생 시

- 119에 즉시 신고하고 병원으로 이송하여 의사의 진료를 받습니다.
- 예: 약품 과다 흡입으로 인해 호흡곤란이 발생할 경우 응급 치료를 시행.

4-3 현장 안전 수칙 및 안전교육

특수청소는 오염된 환경과 밀접하게 접촉하는 작업으로, 작업자의 안전 확보와 체계적인 대응이 필수적입니다. 현장에서 발생할 수 있는 다양한 위험 요소를 최소화하고, 효율적으로 대처하기 위해 철저한 안전 수칙 준수와 전문적인 안전교육이 필요합니다.

1) 보호 장비 착용의 중요성

특수청소 현장은 감염 물질, 유해 약품, 날카로운 물건 등 다양한 위험 요소가 존재합니다. 작업자는 보호 장비를 철저히 착용하여 자신의 안전을 지켜야 합니다.

(1) 필수 보호 장비

- 방독면 : 유해 가스 및 약품 냄새로부터 호흡기를 보호.
- 방수복 : 오염 물질이 피부에 닿는 것을 차단하며, 작업 중 발생할 수 있는

손상을 방지.
- 고무장갑 : 화학 약품, 감염 물질, 날카로운 물건으로부터 손을 보호.
- 보안경 : 눈을 보호하며, 약품이 튀거나 먼지가 날리는 환경에서 필수적.

(2) 착용 전 점검

- 보호 장비가 손상되었거나 작동하지 않는 경우 사용하지 않도록 사전에 점검.
- 예: 방독면 필터는 사용 전 교체 여부를 확인하며, 방수복의 찢어진 부분이 없는지 검사.

(3) 장비 착용 및 유지

- 보호 장비 착용 후 움직임과 안전성을 확인하여 작업 중 불편함이 없도록 함.
- 사용 후 보호 장비는 소독 및 정리하여 재사용이 가능한 상태로 유지.

2) 환기와 환기 장치 사용

작업 중 발생하는 약품 냄새와 오염 물질 제거를 위해 지속적인 환기는 작업자의 안전과 작업 환경 개선에 필수적입니다.

(1) 환기 방법

- 창문과 문을 열어 자연 환기를 최대한 유도.
- 밀폐된 공간에서는 이동식 환풍기와 같은 기계를 사용하여 공기 순환을 촉진.
- 밀폐된 공간에서 환기 장치를 사용하지 않을 경우, 작업 중 독성 가스가 축적될 수 있으므로 주의.
- 작업 종료 후에도 일정 시간 환기를 지속하여 안전성을 확보.

(2) 환기 장치의 활용
- 공기 청정기 : 유해 물질 입자를 걸러내어 작업 환경을 깨끗하게 유지.
- 고성능 탈취 장치 : 약품 냄새와 악취를 빠르게 제거하여 쾌적한 작업 환경 조성.

3) 약품 및 장비의 정리와 관리

작업 후 약품과 장비의 정리와 관리는 다음 작업의 안전성과 효율성을 높이는 데 중요한 역할을 합니다.

(1) 약품 관리
- 사용 후 약품은 지정된 장소에 보관하고, 용기에 내용물과 사용 기한을 명확히 표기.
- 유해 약품은 별도로 밀봉 보관하여 사고를 방지.

(2) 장비 관리
- 재사용 장비는 작업 후 반드시 소독하고, 손상 여부를 점검하여 안전 상태를 유지.
- 예: 고온 증기 청소기는 내부를 소독제로 세척하고 건조 후 보관.

(3) 폐기물 관리
- 사용 불가능한 약품과 손상된 장비는 현장에서 바로 폐기하거나 전문 폐기 업체를 통해 처리.

4) 현장 안전교육의 필요성

작업자가 위험 요소를 인지하고 올바르게 대처할 수 있도록 정기적인 안전교육이 필수입니다.

(1) 교육 내용

- 위험 요소 인식 : 작업 중 발생할 수 있는 위험 상황과 그에 대한 대응 방법 교육.
- 보호 장비 사용법 : 각 장비의 올바른 사용법과 유지관리 방법.
- 응급 조치 방법 : 약품 접촉, 흡입 등 사고 발생 시 초기 대응 요령.

(2) 교육 방식

- 현장 시뮬레이션 훈련 : 실제 작업 상황을 재현하여 응급 상황 대처 능력을 향상.
- 매뉴얼 제공 : 작업자들이 위험 상황 시 참고할 수 있도록 상세한 가이드 제공.

(3) 평가 및 피드백

- 교육 후 테스트를 통해 작업자의 숙련도를 확인하고, 피드백을 통해 교육 내용을 개선.

5) 추가적인 안전 고려 사항

(1) 사전 점검 및 준비

- 작업 전 현장의 위험 요소를 점검하고, 작업 중 필요한 모든 도구와 약품을

준비.
- 예: 전기 사용 가능 여부 확인, 접근성 점검.

(2) 사고 예방 및 보고 체계 구축
- 작업 중 예상치 못한 사고를 예방하기 위해 체계적인 보고 체계를 마련.
- 사고 발생 시 즉시 보고하고, 문제 해결 후 결과를 기록하여 향후 개선에 반영.

(3) 작업자 건강 모니터링
- 작업 후 작업자의 건강 상태를 점검하여 약품 노출이나 작업 과로로 인한 문제를 예방.

📌 핵심 개념 정리

1. 특수청소 작업 전 사전 준비계획 및 현장 분석

목적 : 작업 효율성과 안전성 확보를 위한 기반 마련.
- 현장 점검 : 오염 범위, 위험 요소, 작업 환경 평가.
- 작업 계획 : 적합한 장비, 약품, 인력 구성 결정.
- 안전 대책 : 유해 물질 여부 확인 및 안전장비 준비.
- 고객 상담 : 고객과 작업 일정 및 절차 사전 협의.

2. 청소 계획 수립 및 단계적 작업 절차 기준

목적 : 체계적인 작업 수행으로 효율성과 품질 확보.
- 초기 평가 : 현장 방문 및 상태 분석.
- 작업 준비 : 필요한 장비, 약품, 보호 장구 준비.
- 오염 제거 : 폐기물 처리, 악취 및 오염 물질 제거.
- 소독 및 정화 : 병원균 및 유해 물질 제거.
- 최종 점검 : 작업 결과 검토 및 보완 조치.
- 고객 검수 : 고객과 작업 결과 확인 및 승인.

3. 긴급 상황 발생 시 대응 방법

목적 : 작업 중 안전 사고와 위험 요소에 신속히 대응.
① 작업 중단 및 안전 확보 : 위험 요소 제거.
② 상황 인지 및 보고 : 관련자 및 상급자에게 즉시 보고.
③ 응급조치 : 인명 구조 및 현장 복구 작업.
④ 의료 지원 요청 : 필요한 경우 응급 구조 요청.
⑤ 작업 재개 : 원인 분석 후 작업 재개.

4. 약품 사용 중 응급상황 발생 시 대처 방법

목적 : 작업자의 안전과 사고 확산 방지.
- 피부 접촉 : 즉시 흐르는 물로 세척 후 의료진 문의.
- 눈에 들어간 경우 : 충분히 헹구고 의료 지원 요청.
- 흡입 시 : 즉시 신선한 공기를 마시게 하고 휴식을 취함.
- 삼킨 경우 : 의료 기관 방문 및 약품 정보 제공.
- 혼합 금지 : 약품 혼합 시 유독가스 발생 위험 있으므로 제조사 지침 준수.

5. 현장 안전 수칙과 안전교육의 중요성

목적 : 사고 예방과 작업자 보호.
- 안전수칙 준수 : 개인 보호구 착용, 위험 요소 사전 점검.
- 교육 중요성 : 정기적인 안전교육 및 훈련으로 대비 능력 강화.
- 응급상황 대응 교육 : 화재, 화학물질 노출 등 긴급 상황 대처 능력 확보.
- 지속적인 관리 : 작업 중 사고 사례 공유 및 개선사항 적용.

고독사 · 쓰레기집 · 위기 현장 청소 실무 가이드 | 특수청소 매뉴얼

5
특수청소 작업 장비 소개와 이해

The Special Cleaning Manual

5-1
특수청소에 필요한 기본 장비 소개

특수청소 작업은 다양한 환경적 위험 요소에 대응해야 하며, 이를 위해 전문 장비와 보호구가 필수적으로 요구됩니다. 작업자의 안전과 효율성을 보장하기 위해 준비해야 할 장비의 종류와 용도를 상세히 알아보고, 장비 관리와 추가적인 안전 조치에 대한 내용도 알아봅니다.

1. 이동 차량

특수청소 작업에 필요한 장비와 폐기물을 운반하려면 적합한 차량을 준비해야 합니다. 작업 환경과 물품의 크기, 양에 따라 차량 선택이 달라질 수 있습니다.

(1) 차량 종류 및 특성

- 소형트럭 : 대량의 폐기물 및 대형 장비를 운반하기 적합.
- 소형밴/SUV : 도시 지역에서 기동성과 물품 보관이 용이.
- 승용차 : 소규모 작업이나 간단한 장비 수송에 활용 가능.

(2) 차량 준비 시 고려사항

- 방수 매트 설치 : 차량 내부를 오염으로부터 보호.
- 폐기물 적재 공간 확보 : 안전한 이동을 위해 폐기물을 고정할 장비 준비.
- 차량 소독 : 작업 후 차량 내부를 소독하여 교차 오염 방지.

2) 특수청소 기본 장비

(1) 안전 보호구

특수청소 작업 중 작업자는 화학 물질, 유해 액체, 감염 위험 물질 등 다양한 위험 요소에 노출됩니다. 이에 대응하기 위해 적절한 보호구 착용이 필수적입니다.

① 방수 보호복

- 특징 : 물이 스며들지 않는 나일론 및 폴리에스터 소재로 제작.
- 용도 : 습기 및 오염 물질로부터 작업자를 보호.
- 적용 사례 : 건설 현장, 습한 작업 환경.

② 방유 보호복

- 특징 : 기름과 유성 물질을 방어하며 방수 및 방유 코팅 처리.

- 용도 : 석유화학 공장, 차량 정비소 등.
- 적용 사례 : 유류 작업 및 정비소 작업.

③ 액체 방어 보호복
- 특징 : 화학 물질과 유해 용액에 강력한 방어력을 제공하며 밀봉 처리.
- 용도 : 실험실, 화학 제조 공정, 클린룸 환경.
- 적용 사례 : 화학 물질 취급 작업, 위험물 처리 작업.

(2) 보호복 등급별 특성 및 적용 분야

특수청소 환경은 작업의 성격과 위험 요소에 따라 보호복의 종류와 등급이 다르게 요구됩니다. CS, FS, FT 등급별 보호복은 환경 특성에 맞는 선택으로 작업자의 안전성을 보장합니다.

CS (Chemical Suit)	화학 물질 및 액체에 대한 강력한 방어력을 갖춘 화학 보호복
FS (Fire-Resistant Suit)	불이나 열로부터 작업자를 보호하여 화재 위험이 있는 환경에서 주로 사용하는 방화복
FT (Fluid-Tight Suit)	유체(액체)의 침투를 막아주는 완전 밀폐형의 체 차단 보호복.

① CS (Chemical Suit) 등급 보호복
- 특징 : 유독 화학물질과 직접 접촉 가능성이 높은 환경에서 작업자의 생명을 보호.
- 사용 환경 : 화학 공장, 실험실, 유독 화학물질 작업.
- 적용 사례 : 유해 화학물질이 다량 존재하는 환경에서 필수.

② FS (Fire-Resistant Suit) 등급 보호복

- 특징 : 화재 현장 등 고온 작업장에서 열과 화염으로부터 신체를 보호.
- 사용 환경 : 소방 현장, 고온 작업장, 화재 위험이 높은 공정.
- 적용 사례 : 고온 환경 및 화재 발생 가능성이 높은 작업장에서 사용.

③ FT (Fluid-Tight Suit) 등급 보호복

- 특징 : 밀폐형 설계로 유체와 액체 침투를 완벽히 차단하여 위생적이고 안전한 작업 환경 제공.
- 사용 환경 : 액체가 튀거나 흘러내리는 환경, 유체 취급 작업.
- 적용 사례 : 강력한 방수 및 방유가 필요한 작업.

(3) 기타 필수 보호구

① 방독면 : 유해 가스 및 약품 냄새 차단.

- 반면형 : 이동성이 높은 작업에 적합.
- 전면형 : 고농도의 유독 가스 환경에 적합.

② 안전모 : 낙하물 및 충격으로부터 머리를 보호.

③ 눈 및 얼굴 보호구

- 보안경/안전고글 : 화학 약품, 먼지, 튀는 액체 등으로 부터 눈을 보호.
- 보안면 : 얼굴 전체를 보호하며, 약품이나 액체의 튐으로 인한 손상을 방지.
- 안전고글 : 화학 약품 사용 시 눈을 보호하며, 작업 중 튀는 액체로 부터 보호.

④ 호흡 보호구

- KF94 마스크 : 미세먼지와 경미한 오염물질 차단.
- 방진 마스크 : 먼지와 오염된 공기로부터 보호.
- 방독 마스크 : 유독 가스와 화학 냄새로부터 호흡기를 보호.
- 송기 마스크 및 공기 호흡기: 고농도의 유독 가스 환경에서 필수.

⑤ 손 보호구

- 안전 장갑 : 날카로운 물체나 오염 물질로부터 손 보호.
- 내진 장갑 : 충격이나 진동으로부터 손 보호.
- 고무장갑 : 약품, 감염 물질과의 직접 접촉 방지.
- 보호장갑 : 니트릴, 라텍스 등 상황에 맞는 소재로 선택.

⑥ 발 보호구

- 안전화 : 중량물 낙하나 날카로운 물체로 인한 부상을 방지.
- 절연화 : 전기 작업 시 감전 사고를 예방.
- 정전화 : 정전기 발생을 방지하여 전자기기와 작업자의 안전을 확보.
- 슈커버 : 위생덧신 또는 덧씌우는 커버를 통해 장화나 안전화의 오염을 방지하며, 위생 환경을 유지.

⑦ 추락 방지 장비

- 그네식 안전대 : 고층 작업 시 몸을 지탱하여 추락 방지.
- 벨트 안전대 : 간단한 고정 작업에 적합.
- 추락 방지대 : 고층 작업 환경에서 필수.

⑧ 그 외 청소장비 용도

고압세척기	찌든 때 제거기 및 세척 작업용
고속바닥광택기	넓은 공간 광택용
고속광택기	대리석 광택 작업용
건습식 청소기	바닥 먼지 제거 및 오물 제거 작업용
건습식 진공청소기	카페트 흠집 청소용
대리석 화강석 연마기	대리석 화강석 연마 작업용
마루세척기	마루바닥 세정, 보호 및 광택용
바닥세척기	소규모 및 대청소 수동 세척 작업용
바닥건조기	세척, 광택 코팅 후 건조 송풍용
E/S 청소기	에스컬레이터 청소용
리스킹 카	로비와 넓은 지역 광택 유지 및 청소용
운반카	다량 폐기물 운반용
유압 사다리	고소 작업용
유리 세척기	건물 내부, 각 층 유리 청소용
자동 바닥 세정기	실내 외 바닥 청소용
자동 바닥 세척기	넓은 공간, 대리석 바닥, 로비 청소용
카페트 세척기	카페트 세척 작업용
카페트 오염 제거기	카페트 오점 제거 작업용

(4) 환기 및 공기 관리 장비

특수청소 작업 중 발생하는 냄새와 유해 가스를 제거하기 위해 환기 및 공기 관리 장비도 필수입니다.

① 환기 장치 : 환풍기 및 이동식 공기 순환기를 통해 실내 공기를 정화.
② 공기 청정기 : 유해 입자와 냄새를 제거하여 작업자 호흡기 건강을 보호.
③ 고성능 탈취 장치 : 약품 냄새를 제거하고 쾌적한 환경을 조성.

특수청소 작업에 필요한 장비와 보호구는 작업자의 안전과 작업 품질을 보장하는 필수 요소입니다. CS, FS, FT 등급별 보호복은 환경과 위험 요소에 맞춘 선택으로 작업의 효율성을 높이며, 적절한 환기와 장비 관리로 추가적인 안전을 확보할 수 있습니다.

5-2 특수청소 사례별 장비 활용법

쓰레기집 청소, 고독사 현장, 화재 현장 등 각각의 사례에서는 특정 장비와 약품이 필수적으로 요구되며, 장비 사용법과 유지 관리법 또한 작업의 효율성과 안전성을 높이는 데 중요한 역할을 합니다.

1) 쓰레기집 청소

쓰레기집은 대량의 폐기물과 강한 악취가 주요 문제입니다. 폐기물 분리와 악취 제거가 중심이 되며, 장비 사용이 효율적인 작업의 핵심입니다.

(1) 필수 장비 및 도구

- 분리수거 도구 : 쓰레기 봉투, 분리 박스, 라벨 스티커 등.
- 탈취제 및 소독제 : 악취 제거와 위생 관리를 위한 필수 아이템.
- 청소 도구 : 빗자루, 밀대, 진공 청소기 등.

(2) 작업 절차 및 장비 사용법

- 쓰레기를 유형별로 분리하여 적합한 방식으로 처리.
- 주의사항 : 감염 위험이 있는 폐기물은 밀봉하여 처리.
- 탈취제와 소독제 사용 : 압축 분사기를 활용해 악취를 제거하고, 소독용 에탄올로 오염 표면을 소독.
- 장비 활용 : 진공 청소기로 미세한 먼지와 폐기물을 흡입해 마무리.

(3) 추가 팁

- 작업 중 발생하는 강한 냄새를 줄이기 위해 연막 탈취기를 사용.
- 청소 후에도 환기를 지속하여 남은 냄새를 완전히 제거.

2) 고독사 현장 청소

고독사 현장은 감염 위험 물질과 강한 악취로 인해 전문적인 장비와 약품 사용이 요구됩니다.

(1) 필수 장비 및 약품

- 시신 오염물 제거제 : 과산화수소(35%)를 활용해 부패 물질 제거.
- 방충 처리 장비 : 미립자 ULV 분사기와 소독용 에탄올.
- 살균 및 탈취 장비 : 저온 스팀 살균기, 자외선 오존 살균기.

(2) 작업 절차 및 주의사항

- 오염물 제거 : 과산화수소로 오염 부위를 처리한 후, 약품이 충분히 작용하도록 10분 이상 방치.
- 방충 처리 : 미립자 분사기로 방충제를 분사하여 해충 제거.
- 살균 및 탈취 : 자외선 오존 살균기를 사용해 악취와 세균을 동시에 제거.

(3) 작업 시 주의사항

- 약품 사용 시 눈, 피부, 화상을 방지하기 위해 방독면, 방수복 등 보호구 착용.
- 오존가스 발생 시 작업 환경을 충분히 환기.

3) 화재 현장 청소

화재 현장은 그을음, 잔여 물질, 강한 냄새가 주요 문제로, 복구 작업에서 적합한 장비 활용이 중요합니다.

(1) 필수 장비 및 약품

- 그을음 제거 장비 : 고온 스팀 청소기.
- 냄새 제거 장비 : 연막 탈취기, 미립자 ULV 분사기, 피톤치드 방향제.
- 복원 도구 : 방수액, 코팅재, 전동기기.

(2) 작업 절차 및 장비 사용법

- 그을음 제거 : 고온 스팀 청소기를 사용해 표면의 그을음을 제거.
- 주의사항 : 고온 스팀 사용 시 표면 손상을 방지하기 위해 적절한 온도로 설정.
- 냄새 제거 : 연막 탈취기와 ULV 분사기를 사용해 화재로 발생한 냄새 제거.

- 표면 복원 : 방수액과 코팅재로 파손된 표면을 보수.

(3) 추가 팁

- 고온과 화학 물질 잔여물로 인한 위험을 줄이기 위해 보호 장비 착용 필수.
- 복구가 어려운 표면은 교체를 고려.

4) 장비 사용 시 주의사항

(1) 공업용 약품 사용 시

- 약품이 눈이나 피부에 접촉하지 않도록 방수복, 장갑, 고글 착용.
- 작업 중 오존가스 발생 가능성을 염두에 두고 환기 장치 사용.

(2) 장비 유지 관리

- 사용 후 장비를 철저히 세척 및 소독하여 재사용 가능 상태로 유지.
- 약품은 밀봉 후 라벨을 부착하여 안전하게 보관.
- 손상된 장비는 즉시 수리하거나 교체하여 안전성 확보.

각 사례별로 장비를 최적화하여 배치하고, 작업 순서에 따라 효율적으로 활용하면 작업의 성공률을 높일 뿐만 아니라 작업자의 안전도 보장할 수 있습니다. 또한, 장비의 정기적인 점검과 작업자 교육은 사고를 예방하고, 장비 수명을 연장하며, 작업 효율성을 극대화합니다.

5-3 청소 및 소독용 화학제품 사용법

특수청소 작업에서 약품 선택과 사용법, 적절한 희석 비율, 그리고 안전 지침을 철저히 준수하는 것은 매우 중요합니다. 이 장에서는 약품의 종류와 사용법, 관리 및 폐기 절차를 체계적으로 정리합니다.

1) 청소 약품의 종류와 사용법

(1) 기본 약품 종류

① 락스 및 소독제
- 특징 및 용도 : 곰팡이 제거와 살균에 탁월, 주로 욕실, 타일 표면에 사용.
- 사용법 : 물과 1:10~20 비율로 희석하여 표면에 분사 후 10~15분 방치.
- 주의사항: 피부와 호흡기 자극 가능성이 있으므로 환기와 보호구 착용 필수.

② 다목적 세정제
- 특징 및 용도 : 일반 오염물 제거에 적합하며, 대리석, 타일, 유리 등 다양한 표면에 안전.
- 사용법 : 약산성~중성 pH로 제작되어 표면 손상을 최소화하며, 표면에 직접 분사 후 닦아냄.

③ 특수 탈취제
- 특징 및 용도 : 쓰레기집, 화재 현장 등 강력한 악취 제거를 위해 사용.
- 사용법 : 벽지, 바닥에 분사 후 공기순환 장치와 병행하여 장시간 환기.

④ 산성, 중성, 알칼리성 세정제
- 산성 세정제 : 화장실 타일, 금속의 무기성 오염 제거에 적합.
- 코팅된 재질에는 사용을 피해야 함.
- 중성 세정제 : 일상적인 표면 관리에 사용되며 표면 손상 없이 청소 가능.
- 알칼리성 세정제 : 기름때, 주방의 찌든 오염 제거에 탁월.

⑤ 살균 소독제
- 자외선 오존 살균기 : 오존 가스로 시신 부패 악취와 잔여 세균 제거.
- 소독용 에탄올 : 방충 처리 및 일반 표면 소독에 적합.

2) 표면 관리용 화학제품 분류

(1) 세척제

세척제는 주로 강력한 알칼리성을 띠며, 다목적 세척제로 다양한 오염물을 제거하는 데 사용됩니다.

① 산성 세정제
- 용도 : 석재, 타일, 금속의 무기성 오염 제거.
- 특징 : 백화 제거제, 욕실 세정제 등에 사용되며, 염착성이 없고 물때를 효과적으로 제거.
- 주의사항 : 코팅된 표면에는 신중히 사용해야 함.

② 중성 세정제
- 용도 : 일상적인 관리 및 민감한 표면 세척.
- 특징 : 바닥관리용으로 널리 사용되며, 표면 손상을 최소화.

③ 알칼리성 세정제
- 용도 : 기름때, 찌든 오염물 제거.
- 특징 : 음식점, 주방 청소에서 탁월한 효과를 발휘하며 왁스 박리제로도 사용.

(2) 보호제

보호제는 표면에 보호막을 형성하여 오염을 방지하고 내구성을 강화합니다.

① 그라우트 보호제 : 타일과 틈새를 보호하고 오염을 방지.
② 카페트 보호제 : 섬유 표면에 코팅을 형성해 오염 물질 흡수를 차단.
③ 타일 보호제 : 내구성을 강화하고 습기로 인한 손상을 방지.

(3) 제거제

제거제는 복합 오염물이나 특정 오염물 제거에 특화된 약품입니다.

① 얼룩 제거제 : 산성, 중성, 알칼리성으로 구분되며 오염의 종류에 따라 선택.
② 혈흔 제거제 : 과산화수소, 산소계 표백제를 활용하여 얼룩을 산화시켜 제거.
③ 스티커 제거제 : 에탄올, 석유계 용제를 활용해 접착 물질 제거.
④ 페인트 제거제 : 아세톤 기반으로 페인트를 녹여 제거.

⑤ 곰팡이 제거제 : 치아염소산나트륨(락스) 기반으로 곰팡이 포자까지 완전히 제거.

(4) 광택제 및 코팅제

광택제와 코팅제는 표면의 외관을 개선하고, 보호막을 형성해 내구성을 높입니다.

① 광택제 : 바닥, 금속, 목재 표면에 광택을 부여하며, 건물의 가치를 높임.
② 광택 코팅제 : 일반 수지 왁스, 우레탄, 바니쉬 등 다양한 제품이 있으며, 내구성과 발수성을 제공.
③ 금속 광택제 : 스테인리스, 은, 황동 등의 금속 표면을 연마 및 보호.

(5) 살균 소독제

살균 소독제는 세균과 악취 제거를 위한 약품으로, 락스와 알콜계 소독제가 대표적입니다.

① 락스 기반 소독제 : 곰팡이와 세균을 효과적으로 제거.
② 페놀릭계 소독제 : 결핵균 등 병원균 제거에 사용.
③ 알콜계 소독제 : 일반적인 소독과 방충 작업에 활용.

(6) 그 외 청소약품의 용도

① 피죤
• 용도 : 섬유 유연 및 탈취.
• 특징 : 옷감의 부드러움을 유지하며, 잔여 냄새 제거에 효과적.

② 유한락스
- 용도 : 곰팡이 제거 및 위생 관리.
- 특징 : 락스 기반으로 곰팡이 포자 제거 및 표면 소독.

③ 프레지
- 용도 : 가구 광택 유지 및 보호.
- 특징 : 나무, 금속 등 가구 표면에 광택을 부여하고 오염 방지.

④ 고스타
- 용도 : 화장실 변기 세척.
- 특징 : 변기의 찌든 때와 오염물 제거에 탁월한 효과 제공.

⑤ 실버링
- 용도 : 유리 전용 세척제.
- 특징 : 유리 표면의 얼룩 제거와 광택 부여.

⑥ 아큐믹스
- 용도 : 다목적 세척.
- 특징 : 다양한 표면에 안전하며, 일반적인 오염 제거에 효과적.

⑦ 포워드 NC
- 용도 : 바닥 다목적 세척.
- 특징 : 주방, 욕실 등 찌든 때가 많은 바닥을 세정하고 위생 상태를 유지.

⑧ 베이직
- 용도 : 탄성 바닥 코팅제(왁스).
- 특징 : 바닥 표면에 보호막을 형성하며 광택 효과 제공.

⑨ 후리덤
- 용도 : 탄성 바닥 보호제 및 광택제 박리.
- 특징 : 카페트 전용 처리제로도 활용되며, 바닥 광택 제거 및 재코팅 준비.

3) 약품 사용 비율과 안전 지침

(1) 희석 비율 안내

- 락스 : 일반 오염(1:10), 심한 곰팡이(1:5)로 희석.
- 산성 세정제 : 타일 오염 등 강한 오염에는 농도를 높이고, 코팅된 표면에는 희석 비율을 낮춤.
- 알칼리성 세정제 : 기름때, 찌든 오염에는 농도를 높이고, 금속 및 민감한 표면에는 희석.
- 다목적 세정제 : 모든 표면에 안전하지만, 오염 정도에 따라 비율을 조정.

(2) 테스트와 주의사항

- 약품을 특정 부위에 소량 적용하여 표면 반응 확인.
- 약품 사용 중 강한 냄새나 가스가 발생하지 않도록 환기를 철저히 관리.

(3) 안전 지침

- 보호구 착용 : 방독면, 고무장갑, 안전고글, 방수복 필수.
- 환기 관리 : 약품 사용 시 오존 가스와 냄새로 인한 사고를 예방하기 위해 충분한 환기 장치 활용.
- 금속 및 석재 보호 : 강산성 및 강알칼리 약품이 표면 손상을 초래하지 않도록 주의.

4) 약품 선택 시 유의사항

(1) 표면 재질과 적합성

- 유리, 대리석 등 민감한 재질에는 중성 세제를 사용.
- 벽지나 바닥의 흡수성 오염에는 지속적인 탈취 작업과 환기 병행.

(2) 약품 취급 주의사항

- 강산성 및 강알칼리 제품은 금속 부식이나 석재 마감재 손상을 초래할 수 있으므로 신중히 사용.
- 약품 혼합은 절대 금지(예: 락스와 곰팡이 제거제).

(3) 약품 보관 및 폐기

- 유효기간 점검 후 변질된 약품은 즉시 폐기.
- 강한 독성 약품은 허가된 환경업체를 통해 안전하게 폐기하며, 법령 준수.

5) 특수청소 약품 활용 노하우

(1) 혼합 사용 대신 단계적 처리

- 락스를 사용한 후 중성 세정제로 마무리하여 냄새와 잔여 오염 제거.
- 곰팡이 제거제는 별도로 사용하고, 중성 세정제를 병행해 표면 손상 방지.

(2) 고온 증기와 병행

- 벽지와 바닥 깊숙이 스며든 오염과 악취 제거에 효과적.
- 약품 처리 후 고온 증기로 소독 및 세균 제거 강화.

(3) 비율 조정 및 테스트

- 작업 전 약품을 소량으로 테스트하여 오염 강도에 따라 비율 조정.
- 희석 비율이 적합하지 않을 경우 오히려 오염이 악화될 수 있으므로 신중한 조정 필요.

6) 약품 상태 및 폐기 관리

(1) 유효기간 및 상태 점검
- 약품이 변질되었거나 유효기간이 경과한 경우 반드시 폐기.
- 폐기 전 약품 상태를 확인해 환경에 미치는 영향을 최소화.

(2) 폐기 처리 절차
- 허가된 환경업체를 통해 강산성 및 알칼리성 약품을 처리.
- 소각을 통해 안전하게 폐기하며, 법적 규정을 철저히 준수.

특수청소에 사용되는 약품은 각기 다른 환경과 오염에 맞춰 선택되어야 하며, 약품의 특성과 사용법을 정확히 이해하는 것이 작업의 성과를 결정 짓습니다. 각 약품의 올바른 사용은 표면 손상을 방지하고, 청소 효율성과 안전성을 극대화합니다. 또한, 약품의 보관과 폐기 절차를 철저히 준수하여 작업자의 안전과 환경 보호를 동시에 실현해야 합니다.

[별첨4] 과학적인 특수청소 활동 기본 순서

① 철저한 분석 : 청소 수행 자소의 특이점과 건축마감 재질의 특징을 정확히 분석한 후 그에 맞은 세제와 장비 및 청소법을 택한다.

② 격절힌 인원 배치 : 청소득징을 고려하여 석설한 인력을 산정 배치한다.

③ 우선수위 결정 : 청소활동의 순서를 합리적이고 경제적으로 우선 순위를 결정하여 청소활동을 수행한다.

④ 중요 포인트 중심 : 청소 현장에서 고객이 가장 중요하다고 여기는 장소가 어디인지 상황 판단을 빠르고 정확하게 찾아서 한다.

⑤ 순서대로 청소하기 : 위에서-아래로, 시작과 끝은 자기가 시작한 장소에서부터 맡은 부분까지 본인이 마무리 한다.

⑥ 무리한 구조물 위치 이동 금지 : 구조물을 무리하게 이동하여 청소활동을 하지 않는다. 안전청소법을 늘 생각하고 청소활동을 수행한다.

⑦ 물건·구조물 제자리 잡기 : 청소활동을 위하여 물건이나 구조물을 이동 변경할 경우에는 반드시 제자리에 위치하여 준다.

⑧ 검수 철저 : 청소활동을 마치기 전 검수활동을 통하여 청소상태가 미진한 부분의 여부를 철저히 검수 점검한다.

⑨ 장비, 약품 점검 및 수리 보충 : 청소활동을 종료한 후에는 장비 점검, 수리, 약품 보충을 반드시 하여 다음 청소활동을 수행하는 데 차질이 없도록 준비해 둔다.

⑩ 청소원 교육 : 청소활동을 수행한 청소원들의 청소에 대한 점검을 한 후 보충 예방교육을 반드시 실시하여 능력을 배양시킨다.

※ 자료출처 : 상학당/ 김일효 저 /청소교육 강사의 자격(p.166~167)

5-4 특수청소 약품 취급 및 주의사항

특수청소 작업에서 약품의 올바른 취급과 관리 능력은 작업의 성과와 안전성을 결정짓는 핵심 요소입니다. 작업자는 약품의 특성과 사용법, 안전 지침을 철저히 숙지해야 하며, 환경적 영향과 법적 규제를 고려하여 작업 전후의 모든 단계를 체계적으로 관리해야 합니다.

1) 특수청소 약품 운용

특수청소약품 운용이란 작업 대상물의 오염 특성과 환경 조건에 적합한 약품을 선정, 운용, 관리하는 모든 과정을 의미합니다. 이를 통해 최적의 작업 성과를 달성하고 안전사고를 예방하는 것을 목표로 합니다.

(1) 운용의 주요 요소

① 약품 정보의 정확한 이해

- 제품명, 용도, 제조사 정보 및 구성 성분의 유해성 여부 확인.
- 물리·화학적 특성, 독성, 반응성 파악.
- 사용 대상과 작업 환경에 따른 적합성 평가.

② 법적 규제와 환경 고려

- 약품 사용 시 법적 규제를 준수하고, 환경 영향을 최소화할 방법을 모색.

- 약품 운반, 저장 및 폐기 절차를 명확히 준수.

③ 안전 관리와 응급 대비
- 작업 중 발생할 수 있는 위험 요소를 예측하고, 보호구 착용과 응급 조치를 사전에 준비.

2) 약품 운용 단계

(1) 선정 단계
- 적합한 약품 선정 : 작업 대상과 환경에 가장 적합한 약품을 선택.
- 약품 특성 파악 : 약품의 구성 성분과 작용 원리, 유해성을 명확히 이해.
- 적합성 판단 : 약품의 물리·화학적 특성이 작업 대상물과 환경에 적합한지 검토.
- 적정 약품 투입 : 약품의 사용량과 희석 비율을 작업 특성에 맞게 설정.

(2) 사용 단계
- 사용 방법 숙지 : 약품 사용법과 희석 비율을 정확히 준수.
- 사전 테스트 : 약품 사용 전, 작업 대상물의 작은 부위에 테스트 적용하여 유해성 파악.
- 응급 상황 대비 : 약품 사용 중 비상사태 발생 시 즉각적인 응급 조치.
- 작업 중 점검 : 약품 사용량과 작업 진행 상태를 지속적으로 확인.

(3) 관리 단계
- 약품 상태 점검 : 약품의 유효기간과 변질 여부를 정기적으로 확인.
- 라벨 관리 : 약품의 라벨을 통해 성분, 사용법, 주의사항 등을 확인.

- 폐기 처리 : 사용 후 잔여 약품은 환경법규에 따라 안전하게 폐기.
- 관리 기록 : 약품 사용 및 보관 현황을 관리대장에 기록하고 점검.

3) 특수청소 소독용품 및 사용법

(1) 다목적 세정제

- 제품 : PB-1 PRO
- 특징 : 고독사 현장과 쓰레기집 등 특수청소 환경에서 사용되는 1차 세정제로, 강력한 알칼리성 성분을 통해 기름때, 찌든 오염물, 혈흔, 악취 유발 물질을 효과적으로 제거하며, 신속한 작업과 시간 단축에 탁월한 세정제.
- 사용법 : 물과 1:20 비율로 희석 후 사용. 원액 사용 시 표면 손상 위험.
- 주의사항 : - 보호 장비(장갑, 마스크, 고글) 착용.
  - 밀폐된 공간에서는 환기 철저.
  - 사용 후 잔여물을 완벽히 헹궈야 함.

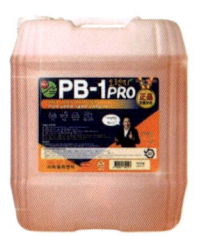

(2) 살균소독수

- 제품 : 세이프앤케어
- 특징 : 혈흔 작업 및 손이 닿는 부위의 마무리 작업에 적합하며 세균 및 바이러스를 효과적으로 제거.
- 사용법 : 적량 분사 후 환기 실시.
- 주의사항 : - 아이나 동물이 있는 환경에서 사용 제한.
  - 피부 자극 방지를 위해 장갑 착용 권장.

(3) 바닥관리용 세제

① 초강력박리세제

- 제품 : 후리덤(FREEDOM)
- 특징 : 초강력 박리제로 광택제는 물론 기초 피막제도 제거하면 물론 중화제나 린스를 별도로 사용할 필요가 없음.
- 박리 작업 시 갈색, 흑색, 초강력 박리패드 및 기계솔 (야자, PVC)사용
- 희석비율 : 매월 박리 시1:6:5 / 6개월 박리 시 1:3 / 연1~2회 박리 시 1:2

② 고농축다목적중성세제

- 제품 : 포워드NC(FORWARD NC)
- 특징 : 욕실의 찌든 때를 효과적으로 제거.
- 오랫동안 눌러 붙은 때, 그리스, 니코틴, 인쇄잉크, 디젤유, 립스틱 자국, 기름때 등 다양한 오염을 손쉽게 세척.
- 알칼리의 작용으로 용수가 더러워져도 세척력이 일정하게 유지.

③ 고농축다목적중성세제

- 제품 : GP 포워드(GP FORWARD)
- 특징 : 바닥, 벽, 카운터, 대리석 및 세라믹 타일 등 모든 세척 가능한 표면을 위한 일상 관리 세제
- 고농축, 고성능

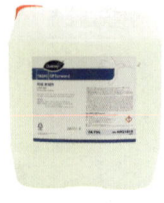

(4) 다목적 & 친환경 세제

① 고농축다목적중성세제

- 제품 : 포워드(FORWARD)
- 특징 : 모든 바닥재에 때를 깨끗이 제거함과 동시에 방지하기도 함.
- 세정 작업 시 깊은 세정 - 청색, 갈색 패드 / 가벼운 세정 - 적색패드 사용.
- 희석 비율 : 일상 관리 시 1:40(물에 희석), 찌든 때 제거 시 1:20

② 스티커제거제

- 제품 : 스티커, 껌 제거제-02
- 특징 : 자동차의 내, 외부에 Tar.Pitch, 스티커얼룩, 접착제 자국 등을 제거
- 운동기구, TV, 냉장고, 가구, 거울, 케비넷, 책상, 전화기, FAX, 컴퓨터 등에 묻은 자국, 얼룩, 때 제거, 옥외 광고용, 플렉스 전단, 아크릴, 유리창 썬팅 등의 접착제 제거 (모든 플라스틱, 고무, 페인트, 도장면 등은 반드시 테스트 후 사용)
- 사용방법 : 캔을 잘 흔든 후 얼룩진 부분에 스프레이 한 다음 부드러운 천으로 문질러 닦아냄.

③ 다목적 세척제

- 제품 : 친환경 싹3
- 특징 : 기름 때, 찌든 때 제거 능력이 탁월한 다목적 세척제로 용제 성분이 전혀 없어 일상 생활에서 안전하게 쓸 수 있는 친환경 세제

④ 화장실 세척제

- 제품 : 친환경 토토미
- 특징 : 화장실 일상 관리용 중성세제로 소재 손상 없이 화장실 내의 물때, 비누얼룩 등을 제거 할 수 있는 친환경 세척제

⑤ 대리석 연마제

- 제품 : 타스키 노빌레 플러스 (TASKI NOBILE-PLUS)
- 특징 : 물에 젖은 듯한 광태고가 대리석을 포함한 석회석 계열 석재표면의 보호를 위해 특별히 조성된 성분을 포함
- 물과 오점의 침투를 방지하여 원활한 일상세정 및 관리를 도와주며 미끄럼 방지 기능을 제공·물과 1:3 비율로 혼합하여 사용

⑥ 화강석광택제

- 제품 : 존텍 그라나이트 샤인(JONTEC GRANITE SHINE)
- 특징 : 통행량이 많은 화강석 상재의 광택과 스크래치를 복원하기 위하여 사용되며 어떠한 색상의 화강석에도 적용이 가능
- 사용면적 : 100~200평방미터/L

⑦ 일상세정제

- 제품 : 프로미넌스 (PROMINENCE)
- 특징 : 바닥의 때와 기름을 효과적으로 제거하며 세척, 관리, 박리 및 도포의 전체적인 작업에 용이한 바닥 전용 세제

- 희석비율 1(프로미넌스):1024(물)

⑧ 석재용

- 제품 : 존택 다목적(석재용) 오점 제거제
  (JONTEC ALL PURPOSE REMOVER)
- 특징 : 알칼리성 오점 제거제로 커피, 주류, 와인, 잉크 등의 다양한 오점을 빠르고 효과적으로 제거하며 광택에 영향을 주지 않음.
- 모든 석재 표면에 편하고 쉽게 적용할 수 있음.
- 원액 사용

(5) 카펫 세제 및 패드

- 제품 : 3M 카펫 클리닝 전처리제
  (PRETPEATMENT CLEANER)
- 특징 : 카펫의 얼룩이나 심한 때를 효과적으로 제거.
- 익스트랙션 사용 전 적용하여 오염을 미리 풀어주는 작업 시 사용.
- 약 알칼리성, 희석비율 (케미컬: 물 = 1:8)

- 제품 : 3M 카펫 스프레이 클리너 (CARPET SPRAY CLEANNER)
- 특징 : 거품이 매우 적게 나고, 카펫트를 적시지 않는 세제로서 건조시간이 매우 짧기 때문에 30분 이내에 정상적으로 카페트를 이용 가능함.
- 통행량이 많아 쉽게 오염 될 수 있는 곳의 주기적인 카페트 세척 시 사용.
- 알칼리성
- 희석비율 - 1:20로 희석 사용.
- 사용법 : 인스타락에 카페트 크리닝 패드를 부착 후 사용.

- 제품 : 3M 카펫 흡출 세정제(CARPET EXTRACTION CLEANNER)
- 특징 : 오염된 카페트의 흡출 세척 시 사용되며 강력하면서도 거품이 적고 흡출기계(extraction machine)에 사용하도록 고안된 세제
- 알칼리성
- 희석비율 – 1:64로 희석 사용.

- 제품 : P.O.G 오염 제거제(유성) (GS POG)#6
- 특징 : 페인트, 오일, 그리스 등 유성 오점뿐만 아니라 수성 오점 제거에도 효과적으로 사용 할 수 있음.
- 중성
- 사용법 : 오점 부위에 스프레이 분사 후 가벼운 솔로 문지른 후 젖은 천으로 닦아냄.

- 제품 : PTUWAY 카펫 본네트(CARPETN BONNETS) (17"19")
- 특징 : 카페트 세척 작업 시 사용하는 크리닝 패드
- 사용 방법 : 카페트 본네트 패드를 물에 적신 후 짤순이를 이용하여 물기를 짠 다음 카페트 위에 놓고 크리닝하는 패드

(6) 석재 세제 및 패드

① 제품 : 다이아몬드패드(DIAMOND PAD) (대리석연마패드)
   (#200, #400, #800, #1500, #3000)
- 규격 : #200(4") – D(지름) 105mm / T(두께) : 5mm

- #400(4") - D(지름) 105mm / T(두께) : 5mm
- #800(4") - D(지름) 105mm / T(두께) : 5mm
- #1500(4") - D(지름) 105mm / T(두께) : 5mm
- #3000(4") - D(지름) 105mm / T(두께) : 5mm
- 특징 : 다이아몬드 함유 대리석 연마 광택용 패드임.
- 사용방법 : 2마력 이상, 50kg 이상 무게의 장비에 다이아몬드 패드를 인스타라에 부착하여 대리석 표면의 손상 정도에 따라 #200→#400→#800→#1500→#3000 순서로 작업을 한다.

② 제품 : 스틸 울 패드 (STEEL WOOL PAD) 16" (대리석광택 패드)
- 규격 : 17" - D(지름) : 400mm
- 색상 : 회색
- 특징 : 대리석 광택 작업을 실시할 때 사용

(7) 기계솔 및 패드

① 제품 : 흑색패드 (#7200) (Thick strip pad)
  (13", 14", 15" 16", 17", 18", 20")
- 특징 : 일반 왁스머신(175-600RPM)을 이용하여 테라조와 같은 거칠고 딱딱한 표면의
- 왁스제거 작업(박리작업) 시 사용함.

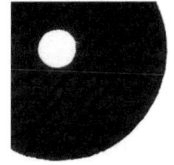

② 제품 : 갈색패드 (#7100) (Brown strip pad)
  (13", 14", 15" 16", 17", 18", 20")
- 특징 : 일반 왁스머신(175-600RPM)을 이용하여 테라조와 같은 거칠고 딱딱한 표면의 왁스제거 작업(박리작업)시 사용함.

③ 제품 : 청색패드 (#5300) (Blue cleaner pad)
   (13", 14", 15" 16", 17", 18", 20")

- 규격 : 13" - D(지름) 330mm / T(두께) : 25mm
- 14"- D(지름) 355mm / T(두께) : 25mm
- 15"- D(지름) 380mm / T(두께) : 25mm
- 16"- D(지름) 405mm / T(두께) : 25mm
- 17"- D(지름) 430mm / T(두께) : 25mm
- 18"- D(지름) 457mm / T(두께) : 25mm
- 20"- D(지름) 508mm / T(두께) : 25mm
- 특징 : 일반 왁스머신(175-600RPM)을 이용하여 습식 및 거품 작업, 바닥의 찌든 때를 제거하고 전체적인 왁스 박리작업이 아닌 부분적 박리 작업 시 박리제를 사용하지 않고 중성세제와 함께 작업함.

④ 제품 : 적색패드 (#5100) (Red buffer pad)
   (13", 14", 15" 16", 17", 18", 20")

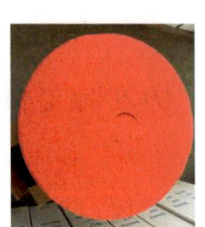

- 규격 : 13" - D(지름) 330mm / T(두께) : 25mm
- 14"- D(지름) 355mm / T(두께) : 25mm
- 15"- D(지름) 380mm / T(두께) : 25mm
- 16"- D(지름) 405mm / T(두께) : 25mm
- 17"- D(지름) 430mm / T(두께) : 25mm
- 18"- D(지름) 457mm / T(두께) : 25mm
- 20"- D(지름) 508mm / T(두께) : 25mm
- 특징 : 일반 왁스머신(175-600RPM)을 이용하여 코팅왁스 제거 없이 가벼운 오염제거와 표면의 때를 제거함과 동시에 광택 작업 효과를 필요로 할 때 사용함.

⑤ 제품 : 백색패드 (#4100) (White super polishing pad)
  (13", 14", 15" 16", 17", 18", 20")

- 규격 : 13"- D(지름) 330mm / T(두께) : 25mm
- 14"- D(지름) 355mm / T(두께) : 25mm
- 15"- D(지름) 380mm / T(두께) : 25mm
- 16"- D(지름) 405mm / T(두께) : 25mm
- 17"- D(지름) 430mm / T(두께) : 25mm
- 18"- D(지름) 457mm / T(두께) : 25mm
- 20"- D(지름) 508mm / T(두께) : 25mm
- 특징 : 일반 왁스머신(175-600RPM)을 이용하여 왁스로 코팅된 일반 바닥 및 목재 바닥의 광택 작업 시 사용.

⑥ 제품 : 기계솔(야자) (12", 14", 16", 18", 20")
- 색상 : 갈색
- 특징 : 왁스머신에 부착하여(인스타락이 필요 없음) 바닥 세척용 브러쉬

⑦ 제품 : 기계솔(PVC) (12", 14", 16", 18", 20")
- 규격 : 12" - D(지름) 300mm / H(높이, 솔길이 포함) : 75mm
- 14"- D(지름) 350mm / H(높이, 솔길이 포함) : 75mm
- 16"- D(지름) 400mm / H(높이, 솔길이 포함) : 75mm
- 20"- D(지름) 500mm / H(높이, 솔길이 포함) : 75mm
- 색상 : 청색
- 특징 : 왁스머신에 부착하여(인스타락이 필요 없음) 바닥 세척용 브러쉬

(8) 석재 세척제

① 제품 : OP200 화강석 세척제
- 특징 : 산성 세척제로 화강석, 콘크리트, 석재 표면의 백화 현상, 녹물 제거에 탁월.
- 사용법 : 물과 1:10~1:50 비율로 희석 후 사용.
- 주의사항 : - 광택 석재에는 사용 금지(유광 타일에 사용 시 표면 손상과 탈색 및 변색 발생 가능)
  - 세척 후 잔여물이 남지 않도록 충분히 헹굼.

5) 약품 취급 시 안전 지침

① 보호구 착용 : 약품 사용 중 방독면, 고무장갑, 보호 고글, 방수복 착용 필수.
② 약품 혼합 금지 : 락스와 곰팡이 제거제 등 특정 약품 혼합 시 유독 가스 발생 가능.
③ 응급 상황 대비
- 약품 접촉 시 즉시 흐르는 물로 세척하고, 필요 시 의료 조치 시행.
- 작업 중 비상사태 발생 시 대피로와 환기 장치 확보.

④ 약품 보관 및 폐기
- 약품 유효기간 확인 후, 변질 약품은 허가된 환경업체를 통해 폐기.
- 강산성/강알칼리 약품은 환경 규제 준수 후 안전하게 처리.

6) 추가적으로 유의해야 할 특수 상황

① 밀폐 공간에서 약품 사용
- 환기를 위한 장비 준비(예: 공기순환기).
- 작업 후 충분히 환기하여 약품 냄새와 잔여 성분 제거.

② 작업자 건강 보호
- 작업 전 안전교육 시행.
- 약품 사용 후 작업자의 건강 상태 점검.

③ 환경 영향 최소화
- 약품 폐기 시 환경부 허가된 업체와 협력.
- 약품 보관 장소는 밀폐 및 서늘한 곳 유지.

[별첨5] 감염병 단계별 대응방법

감염병 발생 시 효과적인 대응은 체계적이고 단계적인 조치를 통해 감염 확산을 방지하고, 작업자의 안전과 환경 보호를 보장할 수 있습니다. 각 단계별로 법적 규제와 환경 관리 지침을 철저히 준수하며, 적절한 방역과 폐기물 처리가 이루어져야 합니다. 아래는 감염병 대응의 세부 단계와 조치를 정리한 내용입니다.

※ 자료참조 : 한국산업인력공단(2017), 환경미화 학습자료

1단계 : 감염병 예방 및 법적 규제 파악

감염병 확산 방지를 위해 관련 법령과 예방 조치를 숙지하고, 초기 단계에서 필요한 지식을 확보.

(1) 법정 감염병의 종류와 증상 파악
- 감염병의 분류, 전파 경로, 증상을 숙지하여 초기 대응 준비.

(2) 질병관리본부 지침 확인
- 법정 감염병 확산 방지를 위한 질병관리청 명령 종류와 대응 요령 숙지.

- 감염병 예방 및 관리에 관한 법률 조항을 검토하여 필요한 사전 준비 완료.

2단계 : 감염병 확산 방지 조치

질병관리청의 행정 명령을 준수하여 감염병 확산을 조기에 차단.

(1) 신고 및 감시 체계 강화
- 법정 신고 대상자는 지정된 기일 안에 신고.
- 감염병 확산 징후가 있을 경우 지속적인 감시 및 실태 보고.

(2) 환자 격리 및 통제
- 감염병 환자를 지정된 공간에 격리.
- 전파 차단 명령에 따라 해당 구역 통제.

(3) 예방접종 및 방역
- 의무 예방접종 시행.
- 방역 소독으로 감염원 제거.

(4) 시설 출입 제한
- 병원 출입을 통제하여 감염 확산 위험 최소화.

3단계 : 방역 및 소독 실시

감염원을 효과적으로 제거하고, 감염병 확산을 억제하기 위한 종합 소독 활동 수행.

- **(1) 물리적 소독** : 고온증기 소독기, 자외선 소독기로 미생물 제거.
- **(2) 화학적 소독** : 락스, 에탄올 등 화학 약품으로 표면 오염 제거.
- **(3) 생물학적 소독** : 박테리아, 곰팡이 제거를 위한 생물학적 방법 적용.
- **(4) 통합적 소독** : 물리적, 화학적, 생물학적 소독을 병행하여 감염원을 철저히 제거.

4단계 : 감염성 폐기물 관리 및 처리

감염성 폐기물을 안전하게 처리하여 2차 감염 및 환경오염 방지.

(1) 폐기물 분리 및 포장
- 감염성 폐기물, 비감염성 폐기물, 비의료 폐기물로 분류.
- 오염 물질이 비산되지 않도록 밀폐 포장.
- 표시 규정 준수 : '감염성 폐기물' 및 '취급주의' 표시 부착.

(2) 보관 및 운송
- 감염성 폐기물은 단기간 보관 후 처리.
- 수집 및 운반 중 유실되지 않도록 밀폐 용기 사용.

(3) 폐기물 처리
- 고압증기 멸균, 고열 소독, 소각 등 환경전문업체 또는 병원 내 처리 방식 활용.
- 액체나 폐액은 밀폐 용기에 담아 처리.
- 단단한 플라스틱 통에 고형 폐기물 밀폐.

(4) 법적 규제 준수

폐기물 배출 및 처리는 관계 법령에 따라 허가된 환경 전문업체가 담당.

<추가 대응 지침>
(1) 병원 내 감염 방지
- 의료기관에서 발생하는 폐기물은 감염성, 비감염성, 비의료 폐기물로 구분하여 관리.
- 감염성 폐기물은 발생 시점에서 분리하여 처리.

(2) 교육 및 훈련
- 감염병 대응에 필요한 지침과 절차를 작업자에게 교육.
- 정기적인 훈련으로 비상사태 발생 시 신속히 대응.

(3) 응급 상황 대처
- 감염병 발생 시 비상 연락망 구축.
- 환기 장치를 통해 오염된 공기를 제거하고, 작업자의 건강 상태를 지속적으로 확인.

(4) 환경 보호와 법적 책임 이행
- 모든 감염병 대응은 환경과 작업자의 안전을 우선으로 하며, 관계 법령 준수 필요.
- 폐기물 처리 시 법적 책임을 다하고, 안전한 작업 환경을 유지.

📌 핵심 개념 정리

1. 특수청소 시 기본적인 안전보호장비와 용도

- 장비 종류 : 방독면, 고무장갑, 방수복, 안전화, 보호안경 등.
- 주요 용도 : 작업 중 오염물질, 유독가스, 미생물로부터 작업자를 보호하며, 안전사고를 예방.

2. 특수청소 장비, 도구, 약품

- 장비 : 고압 세척기, HEPA 필터 진공청소기, UV 소독기, 오존 발생기 외
- 도구 : 살균패드, 솔 브러시, 스크래퍼, 다목적 걸레 외
- 약품 : 다목적 세정제, 살균소독제, 악취 제거제, 곰팡이 억제제 외

3. 소독용 화학제품의 사용 비율과 안전지침

- 희석 비율 : 제조사 지침에 따라 적정 농도로 희석하여 사용.
- 안전 지침 : 환기를 충분히 시행 / 보호 장비 착용(장갑, 마스크 등 필수) / 과다 사용으로 인한 부작용 방지

4. 약품 사용 후 폐기처리 방법과 관리

- 폐기처리 방법 : 약품 잔여물은 해당 지침에 따라 지정 폐기물로 분리.
- 관리 지침 : 처리 과정 기록 및 보고.

5. 특수청소 소독용품의 특징과 주의사항

- 다목적 세정제 : 찌든 오염물과 혈흔 제거에 효과적. 표면 손상을 방지하기 위해 적정량 사용.
- 살균소독수 : 박테리아와 바이러스 제거. 흡입 및 피부 접촉 시 주의.
- 기타 소독용품 : 잔여물이 남지 않도록 철저히 세척 후 처리하며, 어린이나 동물의 접근 차단 필요.

고독사 · 쓰레기집 · 위기 현장 청소 실무 가이드 | 특수청소 매뉴얼

The Special Cleaning Manual

6
특수청소관리사의
고독사 현장 기록

6-1 고독사 현장의 특성

1) 고독사 현장이란?

고독사는 사람이 홀로 사망한 후, 장시간 발견되지 않은 상태를 의미하며, 사망 후 72시간 이상 방치된 경우가 대부분입니다. 이로 인해 시신 부패가 진행되고, 부패액과 체액이 흘러내려 주변 환경을 심각하게 오염시킵니다. 고독사 현장에서 진행되는 특수청소는 이러한 오염물을 제거하고, 위생적인 상태를 복구하는 작업입니다.

주요 작업에는 오염 제거, 위생 처리, 살균 소독, 악취 제거 등이 포함되며, 현장은 단순 청소 이상의 정밀한 작업을 요구합니다.

2) 고독사 현장의 서비스 범위

(1) 기본 청소 작업
- 오염물 제거 : 시신 부패로 인해 발생한 체액과 악취를 제거.
- 벽지 및 장판 교체 : 부패로 인해 오염된 벽지와 장판을 제거 및 교체.
- 폐기물 처리 : 방치된 물품과 쓰레기를 분리하여 폐기.

(2) 살균 및 탈취 작업
- 살균 소독 : 공간 내 세균 및 바이러스 제거.
- 탈취 작업 : 집안 곳곳에 스며든 악취를 전문 약품과 장비로 제거.

(3) 심리적 치유 공간으로 복원

- 고독사 현장은 물리적인 오염뿐만 아니라 심리적으로도 부담을 줄 수 있는 공간입니다. 이러한 공간을 원래의 안정된 상태로 복원함으로써 새로운 시작을 지원합니다.

3) 고독사의 재산 정리 서비스

고독사 현장에는 고인의 재산과 유품이 남아 있는 경우가 많으며, 유가족이나 친인척이 이를 정리하는 데 어려움을 겪을 수 있습니다.

- 유가족의 부담 감소 : 친인척이나 유가족이 직접 정리하기 어려운 유품과 재산을 전문적으로 처리.
- 체계적인 정리 : 재산 및 유품을 안전하게 분리하고 기록, 필요한 물품을 보존.
- 위생적인 처리 : 오염된 물품은 적절한 소독 후 폐기하며, 정리 과정에서의 안전을 보장.

4) 고독사 현장의 특수성

(1) 정서적 부담

고독사 현장은 작업자뿐만 아니라 유가족에게도 정서적 충격을 줄 수 있습니다. 작업자는 고인의 마지막 흔적을 존중하며 전문적이고 신중한 태도로 임해야 합니다.

(2) 복잡한 작업 환경

시신 부패가 진행된 공간은 오염물 제거와 위생 작업이 동시에 이루어져야 합니다. 악취 제거와 탈취 작업은 반복적으로 진행되어야 하며, 물리적·화학적 소독이 병행됩니다.

(3) 사회적 의미

고독사 현장은 삶의 마지막 흔적을 정리하고 새로운 시작을 위한 공간을 만드는 의미를 지닙니다.

5) 고독사 현장을 마주하는 자세

(1) 전문성과 책임감

작업자는 전문적인 기술뿐 아니라 고인의 흔적을 존중하며 작업에 임해야 합니다. 공간의 회복은 감정적 치유의 의미도 포함합니다.

(2) 지속적인 교육과 훈련

고독사 현장은 다양한 오염과 복잡한 상황을 동반하기 때문에 지속적인 기술 교육과 심리적 훈련이 필요합니다.

(3) 윤리적 접근

고인의 마지막 흔적을 다루는 과정에서 존중과 배려가 필수입니다.

고독사 현장은 물리적, 심리적, 사회적 과제를 함께 해결해야 하는 복잡한 작업입니다. 특수청소 관리사는 공간의 회복과 유가족의 심리적 안정을 돕는 중요한 역할을 합니다. 이는 결코 쉬운 일이 아니지만, 누군가는 꼭 해야 할 일이기에 그 가치는 무엇보다 높습니다. 작업자는 전문성과 윤리적 책임을 바탕으로 고독사 현장을 새로운 시작을 위한 공간으로 바꿔야 합니다.

[별첨6] 영화 <굿바이>와 특수청소의 사회적 역할

> "누군가 언젠가는 사랑하는 사람을 떠나보내기도 하고 또는 자신이 먼저 배웅 받기도 한다."
> "죽음은 문이야. 죽는다는 건 끝이 아니야. 죽음을 통과해 나가서 다음 세상을 향하는 거지! 그래서 문이야. 난 문지기로서 많은 사람을 배웅했지. '잘 가세요. 또 만납시다.'"
> - 영화 〈굿바이〉 중에서 -

영화 〈굿바이〉(2008)는 죽음을 맞이한 사람들의 마지막 여정을 배웅하는 납관사의 이야기를 통해 삶과 죽음의 의미를 깊이 조명합니다. 영화 속에서 "죽음은 끝이 아닌 또 다른 시작"이라는 대사는 고독사 현장에서 특수청소 관리사가 수행하는 역할과도 맞닿아 있습니다. 특수청소는 오염된 공간을 청소하는 데 그치지 않고, 고인이 남긴 흔적을 정리하며 공간을 새롭게 재생시키는 작업입니다. 이는 물리적인 청소 이상의 의미를 가지며, 삶의 마지막 흔적을 정리하고 새로운 시작을 준비하는 사회적이고 윤리적인 책임을 포함합니다.

영화 〈굿바이〉에서 납관사가 삶의 마지막 여정을 배웅하며 공간과 사람 간의 연결성을 복원하는 것처럼, 특수청소 관리사는 고독사 현장을 정리하며 인간의 흔적과 공간을 회복시키는 역할을 합니다. 이 작업은 고인의 삶을 존중하며 남아 있는 사람들에게 새로운 시작을 제공하는 과정이라는 점에서 공통적인 가치를 공유합니다. 또, 김새별, 전애원의 에세이 〈떠난 후에 남겨진 것들〉를 모티브로 한국 드라마(2023) 〈무브 투 헤븐 : 나는 유품정리사입니다〉는 세상을 떠난 고인의 마지막 이사를 도우며 그들이 전하지 못했던 이야기를 남은 이들에게 대신 전하는 과정에서 고인의 삶을 다시 한번 떠올려 보게 되고 유품정리사의 역할도 재조명합니다.

고독사 특수청소는 물리적 복원뿐만 아니라 정서적 치유를 포함하는 작업으로, 죽음을 통해 공간을 다시 살아갈 수 있는 곳으로 탈바꿈시키는 중요한 역할을 수행합니다. 영화 〈굿바이〉와 드라마 〈무브 투 헤븐〉의 특수청소가 보여주는 이러한 연결성은 삶과 죽음의 순환을 이해하는 데 깊은 통찰을 제공합니다.

6-2 고독사 현장에서 유의할 윤리적 요소

고독사 현장은 고인의 마지막 흔적을 정리하고 유가족과 협력하는 과정에서 존중과 배려를 바탕으로 작업을 수행해야 하며, 윤리적 요소를 세심하게 고려해야 합니다. 아래는 고독사 현장에서 유의해야 할 주요 윤리적 요소와 이에 대한 구체적인 설명입니다.

1) 감정적인 의미 이해

고독사 현장에서 다루는 유품은 단순한 물건이 아니라, 고인의 삶과 추억이 담긴 흔적입니다.

(1) 유가족의 감정 존중

유품은 고인의 존재를 기억하는 매개체이므로, 유가족의 감정을 충분히 이해하고 신중히 다뤄야 합니다.

(2) 정서적 민감성 유지

유품 정리 과정에서 유가족의 상실감을 자극하지 않도록 조심스럽게 접근해야 하며, 필요시 심리적 지원을 병행해야 합니다.

2) 존중과 배려

고인의 물건을 다룰 때는 그가 살아온 삶을 존중하며, 유품에 깃든 의미를 고려하는 자세가 필요합니다.

(1) 고인의 유산 존중

고인의 유품은 그 삶을 반영하는 중요한 기록입니다. 이를 폐기하거나 정리할 때는 유가족의 요청과 의견을 최우선으로 고려해야 합니다.

(2) 배려의 태도 유지

작업 중 고인의 흔적을 단순한 폐기물이 아니라 삶의 일부로 인식하며 다루어야 하며, 유가족에게 불필요한 상처를 주지 않도록 언행에 주의해야 합니다.

3) 가족 간 소통과 협력

유품 정리는 가족 구성원 간의 협력과 소통을 통해 원활히 진행될 수 있습니다.

(1) 의견 수렴

유품 정리 전에 가족 구성원들의 의견을 충분히 듣고, 공동의 결정을 바탕으로 작업을 진행해야 합니다.

(2) 감정 공유와 상호 지지

작업 중 가족 간의 정서적 대화를 통해 상호 위로와 지지를 나누도록 지원합니다.

(3) 갈등 예방

유품 처리와 관련된 의사결정에서 객관적인 입장을 유지하여 가족 간 분쟁을 예방합니다.

4) 유산 관리와 책임

유품 정리는 정서적인 측면뿐 아니라, 고인의 재산과 관련된 문제를 다루는 과정이기도 합니다.

(1) 체계적 정리

고인의 유품과 재산을 체계적으로 정리하여, 유가족이 이를 효율적으로 관리할 수 있도록 돕습니다.

(2) 법적 절차 지원

필요시 유산 처리와 관련된 법적 문제를 해결하기 위한 지원과 조언을 제공합니다.

(3) 명확한 처리와 기록 보관

유품 정리 과정에서 처리된 물품과 보존된 물품을 명확히 구분하고,

이를 기록으로 남겨 투명성을 유지합니다.

5) 정리 후 감정적 지원

유품 정리 과정은 유가족에게 감정적으로 큰 영향을 미칩니다. 작업이 완료된 후에도 정서적 지원이 필요합니다. 이러한 정리와 지원 과정은 단순히 유가족의 감정적 부담을 덜어주는 데 그치지 않고, 고독사 문제를 해결하는 사회적 책임과도 연결됩니다.

(1) 공감과 위로 제공
유가족의 상실감을 이해하며, 정리 후에도 심리적 위로를 제공합니다.

(2) 심리적 안정 지원
정리 과정에서 발생한 감정적인 어려움을 완화할 수 있는 환경을 조성합니다.

(3) 지속적 지원 연결
필요시 유가족에게 전문 심리 상담이나 지원 단체를 연결하여 장기적인 회복을 지원합니다.

6) 윤리적 접근의 사회적 의미

고독사 현장은 인간의 삶과 죽음의 의미를 되새기는 과정입니다. 이 작업은 고인의 존엄성을 존중하고 유가족과 협력하며 사회적 책임을 실현하는 데 중점을 둡니다. 고인의 흔적을 정리하고 공간을 복원하는 과정에서 삶과 죽음의 연결성을 존중하며, 이를 통해 유가족이 새로운 삶을 준비할 수 있도록 지원합니다.

이에 작업자는 전문성을 바탕으로 고인의 유품을 신중히 다루고, 유가족에게 심리적 안정을 제공해야 합니다. 이러한 윤리적 접근은 사회적 가치와 인간적 존엄성을 실현하는 중요한 역할을 수행합니다.

6-3 유품 정리 절차와 접근법

1) 유품 정리의 의의

고인의 유품은 고인의 삶을 반영하는 중요한 흔적이며, 유가족에게는 심리적 치유의 과정입니다. 유품 정리는 고인의 삶과 추억을 존중하는 한편, 유족이 새로운 출발을 준비할 수 있도록 돕는 중요한 작업입니다.

2) 유품 정리 절차

(1) 물품 확인과 분류
- 모든 물품 확인 : 고인의 물품을 하나씩 확인하며, 보관, 재활용, 폐기 여부를 분류합니다.
- 가족 의견 수렴 : 가족 구성원이 함께 참여하여 물품의 감정적, 재산적 가치를 논의합니다.

(2) 감정적인 과정
- 추억 공유 : 유품에 담긴 기억과 추억을 나누며, 서로를 위로하는 시간을 가집니다.
- 기록 보존 : 소중한 물품은 사진, 영상 등으로 기록하거나 별도로 보관합니다.

(3) 처리 방법 결정
- 재활용 : 기부, 판매 등으로 물품을 사회적 자산으로 활용합니다.
- 폐기 : 재활용 불가능한 물품은 적법한 절차에 따라 처리합니다.

(4) 물품 정리와 보관
- 체계적 정리 : 보관이 용이한 방식으로 남은 물품을 정돈하여 깔끔한 상태를 유지합니다.
- 상속 및 법적 절차 지원 : 재산적 가치가 있는 물품은 유족 간 협의를 통해 처리합니다.

(5) 감정적 지원
- 심리적 안정 지원 : 전문 상담 서비스를 통해 유족의 감정적 치유를 돕습니다.

3) 유품 정리 시 고려사항

(1) 사전 정리의 중요성
- 고인이 생전에 물품을 정리해 남길 것과 폐기할 것을 구분하면 유품 정리 과정을 간소화할 수 있습니다.

(2) 윤리적 접근
- 고인의 유품을 단순한 물건으로 보지 않고, 그의 삶을 존중하며 다룰 수 있는 태도가 필요합니다.

(3) 정리 과정의 신중함
- 물품의 감정적·재산적 가치를 충분히 논의하고, 적절한 처리 방안을 유족과 함께 결정합니다.

유품 정리는 고인의 삶을 기리고 유족의 감정적 치유와 새로운 출발을 돕는 중요한 과정입니다. 체계적인 절차와 윤리적 접근을 통해 물품을 정리함으로써, 개인적 치유와 사회적 가치를 동시에 실현할 수 있습니다.

6-4 자살유족 원스톱 서비스

사랑하는 사람을 자살로 떠나보내는 일은 극도로 힘들고 고통스러운 경험으로, 남겨진 이들의 삶을 깊이 흔들고 변화시킬 수 있습니다. 이를 돕기 위해 자살유족 원스톱 서비스는 자살 사건 발생 시 24시간 이내에 기관에서 전문 팀이 긴급 출동하여 초기 상담을 제공하고, 필요한 서비스 정보를 안내합니다. 이 서비스는 유족들이 겪는 극심한 충격과 고통을 조금이라도 완화하고자 운영되고 있습니다.

유족 → **경찰서** 소방서, 행정복지센터, 응급 의료 센터 → **원스톱서비스팀 24시간 내 응급 출동** 유족을 위한 서비스 정보 제공/ 서비스 이용 동의서 작성 → **거주지의 정신건강복지센터 및 자살예방 센터** 서비스 제공 계획

▶ 심리·정서 지원 서비스

1. 애도 전문 상담
고인을 떠나 보낸 후 생활 스트레스, 가족관계·정신건강 어려움 등과 관련해서 1:1 전문가 상담이 가능

2. 자조 모임
같은 아픔을 겪은 유족 모임에 참석하여 애도 과정을 공유 하고 공감과 이해, 지지와 격려를 경험 할 수 있음

3. 심리 부검 면담

유족과의 면담, 유서 등 기록 검토를 통해
고인 사망에 영향을 미쳤을 다양한 요인을 살펴보는 과정임.

[지원 대상]

- 고인과 유족 모두 성인

- 사별 후 3개월 이상 3년 이내,

- 가족, 연인, 친구, 직장동료 등 가까운 지인

▶ 환경·경제 지원 서비스

1. 법률 및 행정처리 지원

[지원 내용]
1) 법무사 선임 : 사망신고, 상속포기, 부채, 금융 등 행정처리 비용
2) 노무사 선임 : 초기 상담 비용

2. 일시주거비 지원

[지원 대상]
고인과 함께 거주한 유족
→ 거주지 내에서 자살 사망 발생했으며 유족이 2인 이상인 경우

[지원 내용]
임시 주거 형태인 호텔, 리조트 등 숙박업소 비용

3. 특수청소비 지원

[지원 대상]
사망이 거주지 내에서 발생한 경우

[지원 내용]
사망현장 특수청소비용(방역, 냄새 제거, 폐기물 처리 등)

4. 사후 행정처리 비용 지원

[지원 내용]
시체검안서 발급, 시신 이송 비용 등 사후 행정처리 비용 지원

5. 학자금 지원

[지원 대상]
고등학교, 대학교에 재학중인 고인의 자녀

[지원 내용]
등록금(*등록금 이외에 학원비 등 지원 불가*)

5. 정신건강 치료비 지원

[지원 대상]
사별 기간 1년 이내, 고인의 친인척(배우자, 4촌 이내 혈족)

[지원 내용]
외래, 입원비, 약제비, 심리검사, 상담 및 치료 프로그램

▶ **해당 서비스관련 문의처**

각 지역 광역자살예방센터, 광역 정신건강보건센터

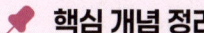 **핵심 개념 정리**

1. 고독사 현장의 특징

고독사 현장은 사망자가 장기간 발견되지 않아 악취, 부패액, 해충 등 심각한 위생 문제가 발생하는 경우가 많습니다. 작업자는 감염 위험과 오염 제거에 대한 철저한 준비가 필요하며, 유가족과의 소통과 존엄성을 존중하는 태도가 필수적입니다.

2. 고독사 현장의 재산정리 서비스

재산정리 서비스는 고인의 남겨진 현금, 귀중품, 문서 등을 선별하고, 유가족이나 법적 상속자에게 인계하는 작업을 포함합니다. 이 과정은 신뢰성과 투명성이 중요하며, 법적 절차를 지원하는 전문성이 요구됩니다.

3. 유품정리의 단계와 절차

- 현장 점검 : 유품 분류와 공간 구조를 분석하고 작업 계획을 수립합니다.
- 분류 작업 : 귀중품, 추억의 물품, 폐기물로 나누어 정리합니다.
- 법적 절차 지원 : 귀중품 및 문서를 상속자에게 인계하며 필요한 법적 절차를 돕습니다.
- 폐기물 처리 : 환경법을 준수하며 분리수거와 폐기 작업을 진행합니다.
- 최종 정리 : 작업 결과를 유가족과 검토하고 인수인계를 완료합니다.

4. 자살방지 원스톱 서비스

자살방지 원스톱 서비스는 자살 위험이 높은 개인과 가속을 내상으로 심리 싱딤, 환경 개선, 특수청소 서비스를 통합적으로 제공하는 지원 체계입니다. 이 서비스는 재발 방지와 정신적 안정을 위한 전방위적 지원을 목표로 합니다.

7
특수청소관리사의 정서적 관리

The Special Cleaning Manual

7-1
특수청소관리사의 정서적 스트레스 요인

특수청소관리사는 고도의 전문성과 심리적 강인함이 요구되는 직업으로, 범죄 현장, 자살, 고독사와 같은 극단적인 상황에서 오염 제거와 유품 정리를 담당합니다. 그러나 이들의 작업 환경은 정서적으로 매우 도전적인 상황을 자주 동반하며, 심리적 스트레스 요인이 다수 존재합니다.

1) 반복적인 충격적인 현장 노출

특수청소 관리사들은 자살, 살인, 고독사 등 극단적인 사건 현장을 반복적으로 접합니다.

- 극단적 장면의 직면 : 부패한 시신, 혈흔, 체액 등 충격적인 장면을 자주 목격해야 하며, 이는 심리적 충격과 트라우마로 이어질 가능성이 높습니다.
- 고독사 현장의 정서적 무게 : 고인의 외로운 죽음과 그 흔적을 정리하는 과정은 슬픔과 무력감을 동반하며, 관리사들에게 심리적 부담을 가중시킵니다.

2) 고인의 유품 정리 과정에서의 감정적 고통

유품 정리는 단순한 물품 정리가 아니라, 고인의 삶의 흔적을 다루는 정서적 작업입니다.

- 삶의 흔적을 마주함 : 사진, 편지, 일기 등 개인적인 물품을 다루며 고인의 이야기를 직면하게 됩니다. 이는 관리사들에게 안타까움과 연민을 유발합니다.
- 특정 사례의 고통 : 가족과 단절된 고독사나 극단적 선택을 한 사람의 유품은 감정적으로 더욱 무겁게 다가올 수 있습니다.

3) 유가족과의 소통에서 오는 심리적 부담

유가족과의 소통은 관리사의 필수적인 역할 중 하나로, 정서적 부담을 크게 증가시킬 수 있습니다.

- 감정적 공감 요구 : 유가족의 충격과 슬픔을 받아들이며 작업 상황을 설명하고 지원해야 하는 경우, 관리사들은 감정적으로 소진될 가능성이 높습니다.
- 상실의 고통 공유 : 유가족의 슬픔에 공감하는 과정에서 관리사들도 깊은 심리적 피로를 경험할 수 있습니다.

4) 현장의 심한 악취와 오염물로 인한 스트레스

특수청소 현장은 신체적 뿐만 아니라 정신적 불편을 초래할 수 있는 환경적 요인으로 가득합니다.

- 악취 노출 : 부패한 시신이나 혈액, 체액 등에서 발생하는 악취는 작업 중 지속적인 불편을 초래합니다. 특히, 번개탄 자살이나 오래된 부패 현장은 관리사들에게 심각한 신체적·정신적 부담을 안깁니다.
- 신체적 피로와 정신적 피로의 결합 : 오랜 작업 시간 동안 심한 악취에 노

출되면서 발생하는 피로감은 스트레스와 연계됩니다.

5) 사회적 인식 부족과 낮은 평가

특수청소 관리사의 고난과 노력을 이해하는 사회적 인식이 부족한 경우, 정서적 스트레스가 심화될 수 있습니다.

- 단순한 청소로 인식되는 직업 : 높은 전문성을 요구하는 직업임에도 불구하고, 단순한 청소 업무로 간주되는 경우가 많습니다.
- 직업적 자부심 저하 : 관리사들이 겪는 정서적, 정신적 고통이 사회적으로 인정받지 못할 때, 직업적 만족감이 감소하며 소진이 가속화될 수 있습니다.

7-2 정신 건강을 위한 자기 관리 팁

특수청소 관리사는 극도의 신체적 피로와 함께 정서적 부담에 자주 직면하는 직업인 만큼 이러한 도전적인 환경 속에서 정신 건강을 유지하려면 체계적인 자기 관리와 적절한 지원이 필수적입니다.

1) 정기적인 심리 상담과 치료

- 감정 해소와 트라우마 예방 : 정기적인 심리 상담을 통해 자신의 감정을 건강하게 표현하고, 현장에서 겪는 트라우마를 예방할 수 있습니다.

- 예방적 치료 : 문제가 심각해지기 전에 정기적으로 상담을 받는 것은 정신 건강을 장기적으로 유지하는 데 효과적입니다.

2) 팀 내 감정 공유와 정서적 지원

- 경험 공유의 중요성 : 팀원들과 현장에서의 경험과 감정을 공유함으로써 스트레스를 분산시키고, 동료들 간의 연대감을 강화할 수 있습니다.

- 지원 네트워크 구축 : 팀 내에서 비공식적인 지원 그룹을 형성해 일상적인 고민과 정서적 부담을 나누는 것도 도움이 됩니다.

3) 사회적 인식 개선 노력

- 특수청소의 중요성 홍보 : 특수청소의 전문성과 사회적 가치를 알리는 활동을 통해 직업에 대한 긍정적인 인식을 확산시킵니다.

- 관리사의 목소리 반영 : 공익 프로그램이나 캠페인을 통해 관리사의 이야기를 전달하며, 이들의 역할과 공헌을 강조합니다.

- 직업적 자부심 향상 : 사회적 인식 개선은 관리사들이 자신의 직업에 대해 더 큰 자부심과 만족감을 느낄 수 있도록 돕습니다.

4) 휴식과 회복 시간 확보

• 정기적인 휴식의 중요성 : 특수청소는 높은 정서적 소진을 동반하기 때문에 작업 후 충분한 휴식과 회복 시간이 필요합니다.

• 업무와 휴식의 균형 : 업무 과중을 방지하기 위해 스케줄을 조정하고, 규칙적인 생활 습관을 유지해야 합니다.

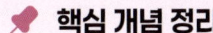 핵심 개념 정리

1. 특수청소관리사의 스트레스 대처방법

특수청소관리사는 감정적으로 민감한 작업 환경에서 일하기 때문에 체계적인 스트레스 관리가 중요. 정기적인 심리 상담, 팀 내 디브리핑, 충분한 휴식 시간 확보, 전문 교육을 통한 자신감 향상 등이 효과적인 대처 방법으로 권장됨.

2. 정신 건강을 위한 자기 관리 팁

극도의 신체적 피로 및 정신 건강을 유지하기 위해서는 체계적인 자기 관리와 적절한 지원이 필수적.

- 감정 해소와 트라우마 예방을 위해 정기적인 심리 상담으로 자신의 감정을 건강하게 표현하고, 특수현장에서 겪는 트라우마를 예방.
- 전문 상담을 통해 스트레스 요인을 확인 후, 상황에 맞는 치료나 대처법을 안내 받아야 합니다. 팀원들과 현장에서의 경험과 감정을 공유함으로써 스트레스를 분산시키고, 동료들 간의 연대감을 강화.
- 팀 내 정기적인 미팅을 통해 서로의 어려움을 이해하고 지원하는 환경을 조성, 지원 네트워크를 구축하여 일상적인 고민과 정서적 부담을 나누는 것도 도움.

3. 정기적인 충분한 휴식과 회복 시간 확보

휴시 중 취미 활동은 스트레스를 해소할 수 있는 하나의 방법.(예: 산책, 소모임, 독서, 스포츠활동 등).
업무 과중을 사전에 방지하기 위한 방법으로 스케줄을 조정하거나 규칙적인 운동, 생활 습관으로 건강한 몸 상태와 정신을 유지하는 것이 중요.

고독사·쓰레기집·위기 현장 청소 실무 가이드 | 특수청소 매뉴얼

8
특수청소의 법적·윤리적 기준

The Special Cleaning Manual

8-1 특수청소 관련 법률과 규정

특수청소는 일반적인 청소 작업과는 달리, 법적 요건과 규정이 엄격하게 적용됩니다. 감염 위험이 있는 환경이나 특수 폐기물을 다루는 작업은 법률적 기준을 준수하지 않을 경우 심각한 법적 문제가 발생할 수 있습니다.

1) 폐기물 관리와 관련된 법적 요건

(1) 폐기물관리법 준수

특수청소 중 발생하는 폐기물은 일반 생활 쓰레기와는 달리, 감염성 폐기물로 분류될 수 있습니다.

- 감염성 폐기물 처리 절차 : 감염 위험이 있는 혈액, 체액, 부패 잔여물 등은 폐기물관리법에 따라 분리, 밀폐, 라벨링, 허가된 업체를 통한 처리 등의 절차를 따라야 합니다.
- 분리와 밀폐 : 감염성 폐기물은 발생 즉시 일반 폐기물과 분리하여 밀폐된 용기에 보관하며, 용기에 〈취급주의〉 표시를 해야 합니다.

(2) 지자체 및 환경부 협력

폐기물 처리 과정에서 해당 지역의 지자체나 환경부와 협력하여 허가된 업체를 통해 수거 및 처리를 완료해야 합니다.

2) 감염병 관련 법률 준수

(1) 감염병 예방 및 관리에 관한 법률
특수청소 관리사는 감염병 발생 현장에서 작업할 경우, 해당 법률에 따라 방역 및 소독 절차를 준수해야 합니다.

- 감염병 확산 방지를 위한 소독 의무.
- 방역 과정에서 사용되는 약품과 장비의 적합성 점검.

(2) 격리 및 출입 통제
감염 위험이 있는 현장은 작업자 외의 출입을 통제해야 하며, 필요한 경우 보호구 착용과 소독 절차를 강화해야 합니다.

3) 화학물질 및 장비 사용 규정

(1) 화학물질관리법 준수
특수청소 작업에 사용되는 화학물질은 화학물질관리법에 따라 안전하게 취급되어야 합니다.

- 약품 라벨 확인 : 사용 약품의 성분, 농도, 사용 방법, 안전 지침이 명시된 라벨을 확인하고, 관련 법령을 준수.

- 오염 방지 조치 : 약품이 현장 외부로 유출되지 않도록 주의하며, 사용 후 잔여물은 허가된 절차에 따라 처리.

(2) 작업 장비의 안전 규정

- 특수 장비(고온 증기 청소기, 살균 소독기 등)는 근로자의 안전을 확보하기 위해 사업주가 자율적으로 실시.
- 산업안전보건법 제5조에 따라 근로자의 안전과 건강을 보호하기 위해 필요한 조치를 취해야 하며, 이에 따라 해당 장비의 정기적인 점검과 유지보수를 실시하는 것을 권고.
- 작업자들은 장비 사용 전 안전 교육을 통해 올바른 사용법과 비상 대처 방법을 숙지해야 합니다.

4) 개인정보 보호와 현장 보안

(1) 개인정보 보호법 준수

특수청소 과정에서 발견된 고인의 유품, 문서, 사진 등 민감한 정보는 개인정보 보호법에 따라 철저히 관리되어야 합니다.

- 민감 정보의 비공개 원칙 : 발견된 유품은 유족의 동의 없이 유출되거나 공개되지 않아야 합니다.
- 작업 과정에서 발견된 민감 정보는 즉시 유족에게 보고하고, 처리 방향을 함께 결정합니다.

(2) 현장 보안 관리

현장 보안은 작업의 전문성을 높이고 민감한 정보를 보호하기 위한 필수적인 요소입니다.

- 접근 제한 : 현장은 작업자, 유족, 그리고 관련 기관의 인가를 받은 인원만 출입할 수 있도록 제한합니다. 필요 시 접근 구역에 경고 표지판을 설치합니다.
- 유족이 요청하는 경우, 현장의 보안 절차와 기록 보관 방법에 대한 추가 설명을 제공합니다.

5) 추가적인 법적 준수 요소

(1) 환경법 준수

폐기물 처리와 약품 사용 과정에서 환경오염 방지를 위한 기준을 준수하며 허가된 폐기시설을 통해 폐기물을 처리하고, 관련 법령에 따라 기록 유지.

(2) 직업 윤리 강화

고인의 존엄성을 유지하며, 유족의 감정에 공감하고 배려하는 윤리적 태도를 실천.

특수청소 관리사가 폐기물 처리, 감염병 예방, 화학물질 사용 등 다양한 법적 규정을 명확히 이해하고 준수함으로써, 작업 현장에서 발생할 수 있는 법적 문제를 효과적으로 예방할 수 있습니다. 이를 통해 관리사는 법적 책임을 다할 뿐만 아니라, 사회적으로도 신뢰받는 전문가로 자리 잡을 수 있을 것입니다.

8-2 개인정보 및 현장 보안 관리

특수청소 및 범죄 현장 청소는 민감한 정보와 자료를 다루는 작업으로, 개인정보 보호와 현장 보안 유지가 필수적입니다. 고인의 개인정보, 유품, 사망 관련 기록 등은 법적, 윤리적으로 철저히 보호되어야 하며, 이를 위해 관련 법률과 지침을 준수해야 합니다.

1) 개인정보 보호법 준수

개인정보 보호법은 개인정보를 처리할 때 정보 주체의 권리를 보호하고, 이를 위반하는 행위를 규제하는 법률입니다.

(1) 제3조 : 개인정보 처리의 원칙

- 개인정보는 정당한 목적을 위해 최소한으로 수집해야 하며, 고인의 유품에서 발견된 정보도 유가족의 동의 없이 처리할 수 없습니다.

(2) 제17조 : 개인정보의 제3자 제공 제한

- 개인정보는 유가족의 명시적 동의 없이 제3자에게 제공될 수 없습니다.

(3) 제29조 : 개인정보의 안전성 확보 조치

- 유품에서 발견된 문서, 디지털 기기 등은 암호화하거나 비식별화하여 보호해야 하며, 접근 권한이 없는 사람에게 노출되지 않도록 해야 합니다.

2) 형사사건 처리 지침

범죄 현장에서의 특수청소는 형사 사건의 증거물 훼손을 방지하기 위해 철저한 법적 지침을 따라야 합니다.

(1) 형사소송법 제218조 : 압수 및 증거물 관리

- 현장에서 발견된 유품이나 오염물은 증거물로 사용될 가능성이 있으므로, 경찰의 승인 없이는 처리할 수 없습니다.

(2) 현장 보존 의무

- 경찰 조사와 현장 감식이 완료된 후 작업을 시작해야 하며, 증거물 훼손을 방지하기 위해 작업자는 정해진 절차를 준수해야 합니다.

3) 정보통신망법 적용

작업 보고서, 현장 사진 등 디지털 기록물은 정보통신망법과 개인정보 보호법의 규제를 받습니다.

(1) 제28조 : 개인정보 보호조치 의무

- 작업 중 생성된 보고서나 사진은 외부로 유출되지 않도록 암호화 및 보안 저장소에 보관해야 합니다.

(2) 제32조 : 기록의 관리

- 작업 기록은 필요한 기간 동안만 보관하며, 이후에는 안전하게 파기해야 합니다.

4) 사망자 유품 처리 관련 법령

고인의 유품은 법적으로 상속 대상이므로 관련 법령을 준수해야 합니다.

(1) 민법 제1005조 : 상속 개시
- 유품은 상속인이 결정되기 전까지 처분 권한이 없으며, 상속인에게 인계하거나 법원의 지시에 따라야 합니다.

(2) 상속법 제12조 : 상속재산 관리
- 유품은 법적 상속 절차가 완료될 때까지 안전하게 보관해야 하며, 필요 시 법원과 협력하여 관리합니다.

5) 현장 보안 지침

특수청소 현장에서 보안을 유지하기 위해 작업자는 다음 지침을 철저히 따라야 합니다.

(1) 출입 통제 : 작업 중에는 관계자 외의 출입을 금지하고, 현장을 철저히 통제합니다.

(2) 비밀 유지 의무 : 작업자는 현장에서 얻은 모든 정보를 외부에 누설해서는 안 되며, 사전에 유가족과의 협약을 통해 정보 관리 방안을 논의해야 합니다.

(3) 보호 장비 착용 : 작업자는 항상 보호 장비를 착용하며, 현장에서 발생할 수 있는 안전사고를 예방해야 합니다.

특수청소 작업은 법적·윤리적 기준을 철저히 준수해야 하는 민감한 분야입니다. 작업자는 이러한 법적 요구사항을 기반으로 고인의 존엄성과 유족의 권리를 보호하며, 작업의 안전성과 전문성을 확보해야 합니다.

8-3 법적 분쟁 예방과 대응 전략

특수청소는 작업 과정에서 발생할 수 있는 분쟁을 예방하고, 발생 시 효과적으로 대응하기 위해 사전 준비와 법적 절차를 철저히 준수해야 합니다. 아래는 특수청소관리사가 법적 분쟁을 예방하고 대처하기 위한 주요 전략입니다.

1) 작업 전 동의서 작성

법적 분쟁 예방의 첫걸음은 작업 전 동의서를 작성하는 것입니다.

(1) 동의서 작성의 목적
- 고객과 작업 범위, 비용, 책임 여부를 명확히 규정하여 오해와 분쟁을 예방

합니다.
- 작업 중 발생할 수 있는 예상 상황에 대해 고객에게 사전에 설명하고 서명 받습니다.

(2) 동의서에 포함되어야 할 주요 내용
- 작업의 구체적인 범위: 청소, 소독, 폐기물 처리 등.
- 예상 비용과 추가 비용 발생 조건.
- 작업 중 손상 가능성에 대한 책임 범위.
- 고객의 개인정보 보호 및 현장 보안에 관한 조항.
- 양측의 동의와 서명이 포함된 문서로 법적 효력을 갖추도록 합니다.

2) 작업 전·후 사진 기록

작업 전·후 현장 사진을 기록하여 작업 결과와 작업 과정을 명확히 증명합니다.

(1) 사진 기록의 중요성
- 작업 상태를 시각적으로 증명하여 고객과의 분쟁을 예방합니다.
- 작업 중 발생할 수 있는 손상이나 문제를 객관적으로 확인할 수 있습니다.
- 보험 청구 시 증빙 자료로 활용 가능합니다.

(2) 사진 기록 방법
- 고해상도의 카메라로 작업 전 현장의 상태를 꼼꼼히 기록합니다.
- 작업 후 결과를 같은 위치와 각도에서 촬영하여 비교 자료를 만듭니다.
- 사진 파일은 암호화된 디지털 저장소에 안전하게 보관하여 개인정보 유출

을 방지합니다.

3) 지역 규정 준수

특수청소는 작업 지역의 법규와 규정을 철저히 준수해야 합니다.

(1) 지역 규정에 따른 절차 준수

- 폐기물 처리 : 작업 중 발생하는 폐기물은 지역 지침에 따라 적절히 처리하며, 인증된 폐기물 처리 업체를 활용합니다.
- 소음 관리 : 소음 제한 시간이 정해져 있는 경우, 작업 시간대를 조정하여 주민 불편을 최소화합니다.
- 환경 보호 준수 : 약품 사용 시 환경에 미치는 영향을 최소화하고, 법적 허용 기준을 초과하지 않도록 관리합니다.

(2) 지역 규정 준수의 장점

- 법적 분쟁의 가능성을 줄이고 지역사회와의 신뢰를 확보합니다.
- 반복적인 작업 기회를 제공받는 데 긍정적인 영향을 미칩니다.

4) 고객과의 원활한 소통

분쟁을 예방하기 위해 고객과의 소통은 필수적입니다.

(1) 정기적인 진행 상황 보고 : 작업 중 주요 상황을 고객에게 알리고, 작업 방향에 대해 고객의 동의를 받습니다.

(2) 고객 불만 처리 절차 : 작업 후 고객의 불만 사항이 있을 경우 즉각적으로 대응하고, 적절한 해결 방안을 제시합니다.

(3) 작업 결과 설명 : 작업 후 결과를 명확히 설명하며, 고객이 이해하고 동의할 수 있도록 충분한 정보를 제공합니다.

5) 법적 분쟁 발생 시 대응 전략

분쟁이 발생했을 경우, 신속하고 체계적으로 대응하는 것이 중요합니다.

(1) 문서와 기록물 활용 : 작업 동의서, 사진 기록, 대화 기록 등 모든 문서를 활용하여 작업 정당성을 입증합니다.

(2) 전문가와의 협력 : 법적 분쟁이 심화될 경우 변호사나 관련 전문가와 협력하여 대응합니다.

(3) 조정과 합의 : 가능한 경우, 법적 절차를 밟기 전에 고객과의 조정과 합의를 통해 문제를 해결합니다.

법적 분쟁을 예방하고 대응하는 것은 특수청소 관리사의 전문성을 강화하고, 고객과의 신뢰를 유지하는 데 핵심적인 역할을 합니다. 작업 전 동의서 작성, 사진 기록, 지역 규정 준수 등은 분쟁 발생 가능성을 줄이고 법적 문제를 미리 차단하는 효과적인 전략입니다.

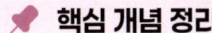
핵심 개념 정리

1. 특수청소 폐기물의 처리 과정과 방법

- 특수청소 폐기물은 감염성 여부에 따라 분류하며, 지정된 폐기물 처리 업체를 통해 안전하게 처리
- 폐기물 관리법에 따라 밀폐 포장 후 지정 장소로 운반하며, 처리 과정은 반드시 기록 남김.

2. 개인정보 보호 및 현장의 보호 지침

- 작업 중 발견되는 모든 개인정보는 철저히 비공개로 관리하며, 유족의 동의 없이 외부에 공개되지 않아야 함.
- 현장 접근은 작업자와 유족으로 제한하며, 모든 작업 기록은 보안이 유지된 시스템에 저장.

3. 특수청소 시 윤리적 대처와 책임의식

- 민감한 상황에서 공감과 배려를 바탕으로 윤리적인 태도를 유지.
- 유족의 감정을 고려하며, 고객의 신뢰를 얻기 위해 서비스 과정에서 발생하는 모든 문제에 책임감 있게 대처.

4. 특수청소 장비 사용과 화학물질 규제사항

- 장비와 화학물질은 제조사의 사용 지침에 따라 안전하게 취급.
- 유해 화학물질은 규제에 따라 등록 및 신고 절차를 준수해야 하며, 작업자는 보호 장비를 반드시 착용.

5. 법적 문제의 예방책

- 서비스 전 동의서를 확보하고, 폐기물 처리 시 기록을 관리하며, 작업 전후 상태를 명확히 기록.
- 개인정보 보호법과 폐기물 관리법을 철저히 준수하여 법적 분쟁을 예방.

고독사 · 쓰레기집 · 유기 현장 청소 실무 가이드 | 특수청소 매뉴얼

9

특수청소의 사회적 인식과 공익적 가치

The Special Cleaning Manual

9-1 특수청소에 대한 대중의 인식

특수청소는 많은 사람들에게 아직 생소하거나 다소 무겁게 느껴지는 작업으로 인식되고 있습니다. 이는 주로 대중매체에서 특수청소가 고독사, 범죄현장, 화재 등 극단적인 상황과 연결되어 묘사되기 때문입니다. 다큐멘터리나 드라마, 심층 취재 프로그램 등에서 특수청소는 종종 감정적으로 강렬하고 극적인 장면으로 연출되어, 그 본질적 목적과 사회적 가치는 충분히 주목받지 못하고 있습니다.

하지만 특수청소는 복잡한 상황에서 공간을 복구하고 삶의 흔적을 정리하며, 새로운 시작을 돕는 중요한 사회적 역할을 수행합니다. 이 과정은 정서적 회복의 기회를 제공하며, 유족과 지역사회에 심리적 안정감을 주는 데 기여합니다. 특히, 특수청소는 개인의 삶을 존중하고, 공동체가 건강하고 지속 가능한 환경을 유지할 수 있도록 돕는 데 필수적인 역할을 하고 있습니다.

그럼에도 불구하고, 특수청소 관리사들의 높은 전문성과 공익적 가치는 아직 대중적으로 충분히 알려지지 않았습니다. 이로 인해 특수청소 관리사들이 자신의 직업적 중요성을 충분히 인정받지 못하는 현실이 이어지고 있습니다. 이들은 신체적·정신적 도전을 극복하며, 전문적인 기술과 윤리적 책임감을 바탕으로 중요한 공공서비스를 제공하고 있지만, 이를 이해하고 존중하는 사회적 인식은 아직 부족합니다.

특수청소의 사회적 기여를 보다 널리 알리기 위해 사례 중심의 공익 캠페인이나 홍보 프로젝트가 필요합니다. 예를 들어, 특수청소가 유족의 상처를 치유하고, 다시 삶을 시작할 수 있는 환경을 제공하는 과정을 대중에게 알린다면, 이 직업에 대한 긍정적 이미지와 신뢰를 높이는 데 큰 도움이 될 것입니다. 이러한 활동은 특수청소를 인간적 가치를 실현하는 직업으로 자리 잡게 할 수 있습니다.

결국, 특수청소가 공간과 인간의 삶을 재건하는 필수적인 사회적 역할을 수행한다는 점을 대중에게 알리는 노력이 지속된다면, 이 직업은 더 큰 존중과 인정을 받을 것입니다. 이는 특수청소 관리사들의 전문성을 강화하는 데 그치지 않고, 사회 전반의 건강과 지속 가능성을 높이는 데도 기여할 것입니다.

9-2 공익적 가치를 높이는 방안

특수청소에 대한 대중의 인식은 여전히 제한적이며, 종종 극단적이고 부정적인 이미지로만 그려지는 경우가 많습니다. 대중의 인식 개선, 전문성 강화, 정부의 제도적 지원, 그리고 환경적 지속 가능성을 향한 노력이 함께한다면, 특수청소는 진정한 사회적 공익을 실현하는 분야로 자리매김할 수 있을 것입니다. 이에 특수청소의 공익적 가치를 보다 효과적으로 알리고, 이를 통해 사회적 역할을 확장하기 위한 방안을 모색해보겠습니다.

1) 홍보 캠페인을 통한 대중 인식 개선

특수청소는 고독사 현장 복구, 재난 후의 환경 정리, 그리고 범죄 피해자의 심리적 안정 지원까지 광범위한 사회적 기여를 하고 있습니다. 이러한 점을 강조하기 위해 긍정적인 사례를 기반으로 한 홍보 캠페인이 필요합니다. 지역사회 행사를 통해 특수청소의 필요성을 알리고, 대중이 특수청소를 보다 친숙하게 느낄 수 있도록 다양한 미디어와 공공광고를 활용할 수 있습니다.

예를 들어, 고독사 현장 복구를 통해 공간을 재탄생시키는 과정을 다룬 다큐멘터리나, 특수청소 관리사가 사람들에게 희망을 주는 사례를 소개하는 프로그램은 대중의 편견을 해소하고 긍정적인 이미지를 확립하는 데 기여할 것입니다.

2) 전문성 강화와 교육 지원

특수청소는 고도의 전문성과 기술이 요구되는 분야입니다. 이를 위해 체계적인 교육 프로그램과 자격 인증 제도가 마련되어야 합니다. 특수청소 관리사들이 위생 관리, 감염 예방, 심리적 지원 방법 등을 숙지할 수 있도록 전문 교육과 워크숍이 제공되어야 합니다.

또한, 특수청소 관리사의 경험을 공유하는 플랫폼이나 협회 설립을 통해 전문성을 강화하고, 이를 대중에게 알리는 방식도 효과적일 것입니다. 이러한 노력을 통해 특수청소가 사회적 책임을 수행하는 중요한 직업으로 자리 잡을 수 있습니다.

3) 정부 및 지자체의 제도적 지원

특수청소의 공익적 가치를 인정하는 정부와 지자체의 지원이 필수적입니다. 예산 확보를 통해 취약계층이나 고독사 현장에서의 특수청소 비용을 보조하거나, 전문 업체에 대한 세제 혜택을 제공하는 정책은 이 분야의 지속 가능성을 높이는 데 기여할 것입니다.

또한, 범죄 피해자나 재난 피해자를 위한 청소 비용 지원은 그들이 다시 일상으로 복귀할 수 있도록 돕는 중요한 사회적 장치가 될 수 있습니다.

4) 환경 지속 가능성 강화

특수청소 과정에서 발생하는 폐기물 처리와 자원 재활용 문제는 환경에 미치는 영향을 줄이는 중요한 과제입니다. 청소 작업에서 사용되는 약품과 장비가 환경에 미치는 영향을 평가하고, 지속 가능한 청소 방법을 개발하고 도입하는 노력이 필요합니다.

특히, 정부와 협력하여 폐기물 분리수거와 재활용을 강화하는 방안, 그리고 친환경 청소 제품의 개발을 지원하는 정책이 마련되어야 합니다.

9-3 특수청소와 사회적 지원시스템

특수청소는 범죄 피해자, 취약계층, 재난 피해자들에게 새로운 희망을 제공하고, 삶의 터전을 회복시키는 중요한 공익적 역할을 수행합니다. 더불어, 특수청소는 개인의 심리적 안정과 사회적 복지 실현에도 기여하며, 이를 통해 사회적 안전망을 강화하는 데 핵심적인 역할을 합니다. 이러한 사회적 가치를 더욱 구체적으로 살펴보기 위해 관련 사례와 국가의 지원 제도를 소개합니다.

1. 범죄피해자 지원 제도

특수청소는 범죄 피해자와 그 가족을 위한 지원의 일환으로 수행됩니다. 강력범죄 현장에서 발생한 오염물 정리 및 공간 복구는 피해자의 심리적 안정과 일상 복귀를 돕는 중요한 역할을 합니다. 국가에서는 다음과 같은 지원 제도를 운영하여 피해자와 유가족을 돕습니다.

- 범죄피해자구조금 : 강력범죄 피해자 또는 가족에게 금전적 지원을 제공하며, 일부 경우에는 특수청소 비용도 보조됩니다.
- 배상명령 제도 : 가해자가 피해자에게 손해배상을 하도록 명령하며, 청소 비용도 배상 대상에 포함될 수 있습니다.

<관련 기관>

경찰청(182), 지방검찰청 피해자지원실(1577-2584), 범죄피해자지원센터(1577-1295)

2. 고독사 예방 및 지원 사업

고독사 현장은 특수청소가 필수적으로 요구되는 대표적인 사례입니다.

고독사 방지법(2021년 시행)을 통해 취약계층 독거노인의 상태를 정기적으로 점검하고, 고독사 발생 시 특수청소비용 지원을 검토하는 제도가 운영되고 있습니다. 경제적으로 어려운 경우, 지방자치단체가 주도하여 비용을 지원하는 체계가 마련되어 있습니다.

<관련 기관>

보건복지부, 각 지방자치단체 복지센터

3. 재난 및 사고 복구 지원

자연재해와 사고 현장은 특수청소의 공익적 가치를 실현하는 또 다른 분야입니다. 홍수, 태풍, 화재 등으로 훼손된 주거공간의 복구와 유독물질 제거를 지원하며, 이를 통해 재난 피해자의 안정과 생활 복귀를 돕습니다.

- 자연재해 복구비 지원 : 홍수나 태풍으로 피해를 입은 주택 및 공공시설 복구에 국가가 보조금을 지원하며, 특수청소는 재난복구의 일부로 포함됩니다.
- 화재복구비 지원 : 화재 잔해와 유독물질 제거 과정에서 지원금을 제공하여 피해자의 경제적 부담을 덜어줍니다.

<관련 기관>

행정안전부, 지방자치단체

4. 복지 취약계층 지원

취약계층의 주거 환경 개선을 위한 특수청소는 복지서비스의 중요한 영역 중 하나입니다.

- 긴급복지지원제도 : 갑작스러운 사고나 재난으로 어려움을 겪는 가구에 긴급 생계비, 주거비, 청소비 지원을 포함한 종합 복지서비스 제공.
- 주거복지제도 : 열악한 주거 환경에 임시 숙소 제공 및 특수청소비 지원으로 삶의 질을 개선.

<관련 기관>

보건복지부(129), 국민건강보험공단(1577-1000)

5. 범죄현장 전문 청소업체 육성 및 인증제

국가 및 지자체는 특수청소업체의 전문성을 강화하고 공익적 가치를 높이기 위해 다양한 지원책을 마련하고 있습니다.

- 스마일센터(법무부 산하) : 강력범죄 피해자의 심리적 안정과 현장 복구를 지원하며, 특수청소업체와 협력해 복구 작업을 수행합니다.
- 지자체 연계 인증제 : 지방자치단체가 공인된 특수청소업체에 지원금을 제공하거나 피해자와 연결하는 시스템 운영.

6. 노인복지 및 자살예방 프로그램

독거노인 사고와 자살로 인한 현장 복구는 특수청소가 사회적 안전망의 일부로 기능하는 또 다른 예입니다.

- 노인복지법 : 독거노인 사고 예방과 심리적·물리적 지원 제공.
- 자살예방법 : 자살 유가족 지원과 함께 현장 정리를 위한 비용 일부 지원.

<관련 기관>

지자체 자살예방센터, 보건복지부, 한국생명존중희망재단

📌 핵심 개념 정리

1. 특수청소에 대한 대중의 인식

- 특수청소는 고독사, 쓰레기집, 범죄 현장과 같은 민감한 문제를 다루며 여전히 생소하거나 무겁게 받아들여짐.
- 대중매체에서 극단적인 사건과 연관된 이미지로 묘사되며, 본질적 가치와 역할이 충분히 전달되지 못함.
- 인식 부족으로 인해 특수청소 관리사들의 전문성과 사회적 기여도가 간과되는 경우가 많음.

2. 공익적 가치를 높이는 방안

- 사례 기반의 캠페인과 공익 프로젝트를 통해 특수청소의 중요성과 긍정적 이미지를 알림.
- 지역사회와 협력하여 고독사 예방, 위생 개선 프로젝트 등 사회적 기여를 확산.
- 교육 프로그램과 체계적인 홍보를 통해 특수청소 관리사들의 기여와 직업적 가치를 강조.

3. 특수청소와 사회적 지원 시스템

- 특수청소는 감염 예방, 환경 복구, 심리적 안정 지원을 통해 개인과 공동체의 복지를 증진함.
- 정부 및 지자체의 지원 확대를 통해 복지 사각지대 해소와 서비스 품질 향상을 도모.
- 특수청소업 종사자들을 위한 심리 상담, 교육 지원 등 사회적 지원 시스템 강화 필요.

The Special Cleaning Manual

10
다양한 특수청소 현장 사례

10-1 극단적 선택 현장 사례

현장 조사를 통해 위험을 평가하고 청소 계획을 체계적으로 수립한 후, 작업자는 보호 장비를 착용하고 오염 물질 제거 작업에 착수합니다. 이후 소독과 살균 과정을 철저히 진행하며, 모든 특수청소 작업과 마찬가지로 현장에서의 비밀 유지가 반드시 준수됩니다.

1) 양평 시골 원룸 고독사

(1) 사건 개요

경기도 양평의 한 시골 마을에 위치한 작은 원룸에서 고인이 홀로 생을 마감한 채 발견되었습니다. 마을 주민들은 심한 악취를 느끼고 이를 행정복지센터에 신고했으며, 이후 유가족은 시신 부패로 인한 심각한 오염 제거를 요청했습니다. 청소팀은 요청 접수 이틀 후, 이른 아침 현장에 도착해 작업을 시작했습니다.

(2) 현장 상황

현장에 진입하자, 오래된 원룸 내부는 심한 악취와 부패된 혈액이 바닥에 스며든 상태였습니다. 특히 시골 원룸 특유의 낡은 목재 바닥은 혈액과 부패액이 나무 틈새로 깊이 흘러 들어가 있어 오염이 심각한 상태였습니다. 상황에 따라 목재 바닥의 교체가 필요한 가능성도 배제할 수 없었습니다.

(3) 작업 진행

청소팀은 철저한 보호 장구를 착용한 뒤, 먼저 실내 악취와 유독 가스 농도를 측정했습니다. 초기 측정 결과는 다음과 같았습니다.

- ODOR (악취 수치) : 15.7 PPM
- H_2S (황화수소) : 2.3 PPM

이 같은 결과는 현장이 작업하기에 부적합할 정도로 높은 오염 상태임을 보여주었기에, 우선 창문과 환기 장치를 통해 환기를 시작했습니다. 이후 특수 청소 장비와 약품을 사용해 오염물질 제거와 소독 작업을 체계적으로 진행했습니다. 심하게 손상된 바닥 부분은 보수 작업을 병행하며 철저히 처리했습니다.

(4) 유품 정리

유가족의 요청에 따라 청소팀은 고인의 주요 유품을 선별하는 작업을 수행했습니다. 의류와 신발, 다이어리 등 소각 대상 유품은 우체국 5호 박스에 정리해 유가족에게 전달했습니다. 중요한 유품으로 분류된 노트북, 사진, 부동산 계약서 등은 유가족에게 신중히 전달되었습니다.

(5) 데코타일 제거와 바닥 청소

유품 정리 후, 집안 바닥의 데코타일을 제거하는 작업이 진행되었습니다. 변사체에서 흘러나온 혈액과 부패액이 콘크리트 바닥까지 침투했을 가능성이 있었으나, 다행히 오염물질은 타일 접착제에만 묻어 있었습니다. 접착제를 모두 제거한 후 화학 약품을 활용해 중화 및 세척 작업을 수행하여 바닥 오염을 완벽히 제거했습니다.

(6) 살균 및 소독 작업

오염 제거 작업 후에는 전반적인 살균과 소독이 이뤄졌습니다.

- 자외선(UV) : 박테리아와 바이러스의 DNA를 파괴해 단시간 내에 번식을 차단했습니다.
- 오존(OZONE) : 강력한 산화력을 통해 악취를 제거하며 공기를 정화했습니다.
- 연막 항균제 : 집안 전체에 항균 탈취제를 살포해 미세 오염 물질과 잔여 악취를 제거했습니다.

(7) 최종 점검과 재방문

작업이 마무리된 후, 유가족과 함께 현장 검토를 진행했으나 건물주의 요청으로 2주간 자연 환기를 시킨 후 재방문하여 추가 소독 작업을 진행했습니다. 총 27일에 걸친 작업이 끝난 뒤, 현장은 완전히 복구되었습니다.

(8) 마무리와 결과

최종적으로 복합 가스 측정 결과는 다음과 같이 나타났습니다.

- ODOR (악취) : 0.03 PPM
- H2S (황화수소) : 0.02 PPM
- TVOC (휘발성 유기화합물) : 0.08 PPM
- NH3 (암모니아): 0.02 PPM

건물주는 복구 작업이 완벽하게 이루어진 것을 확인하고 매우 만족하며 현장을 인수했습니다. 이 사건은 양평 시골의 조용한 원룸에서 발생한 고독사의 현실을 보여주는 사례로, 전문적인 청소와 유품 정리가 사회적 복구와 치유에 얼마나 중요한 역할을 하는지 다시 한번 증명했습니다. 유가족 또한 작업에 깊이 감사하며 관리 방안에 대한 상담을 요청했습니다.

2) 창고 자살 현장

(1) 사건 개요 및 현장 상황

외곽의 한적한 지역에 위치한 창고에서 고인이 극단적 선택을 한 사건이 발생했습니다. 부패로 인해 현장은 심각하게 오염된 상태였으며, 건물주의 긴급 요청으로 청소팀이 투입되었습니다. 이 현장은 심한 부패와 강한 악취가 뒤섞인 상황으로, 고도의 기술력과 신중한 작업이 요구되었습니다.

(2) 오염 제거 및 살균 작업

청소팀은 창고 내부를 철저히 분석한 뒤 작업을 시작했습니다. 혈액, 부패액, 체액, 구더기와 같은 심각한 오염물질이 바닥과 장판에 깊이 스며들어 있었고, 장판은 완전히 제거해야 했습니다. 특수 흡입기와 소독 장비를 동원해 잔여 오염물질을 완벽히 청소하며, 작업 내내 안전 장비를 착용해 신체적 위험을 방지했습니다. 오염 제거 후에는 자외선(UV)과 오존(OZONE)을 활용한 살균 작업이 이어졌습니다.

(3) 항균 탈취 및 소취 작업

청소팀은 창고 내부에 남아 있던 미세 오염물질과 잔여 악취를 제거하기 위해 산업용 탈취제, 살균 소취제, 연막 항균제를 활용했습니다.

공기 중의 세균과 바이러스를 제거하고, 표면에 항균 보호막을 형성해 장기적인 청결 유지가 가능하도록 했습니다. 이 과정은 악취를 근본적으로 제거하며, 공기의 질을 대폭 개선하는 데 기여했습니다.

소취 작업 후 복합가스 측정기를 사용해 창고 내부의 공기 질을 분석한 결과는 다음과 같았습니다.

- ODOR (악취) : 0.00 PPM
- H2S (황화수소) : 0.00 PPM
- TVOC (휘발성 유기화합물) : 0.12 PPM
- NH3 (암모니아) : 0.05 PPM

모든 수치가 안전 기준 이내로 확인되었으며, 추가 오염의 위험이 없는 상태임을 검증했습니다.

▶ **각 항목별 안전 기준(PPM)**

항목	설명	안전 기준
ODOR (악취)	일반적인 악취 기준은 물질별로 다르지만, 대부분의 사람이 인지할 수 없는 수준의 안전	0.05PPM 이하 권장
H2S (황화수소)	인지가능한 농도 : 0.01PPM 안전 기준(대한민국 및 OSHA) : 10 PPM 이하 (8시간) 단기 노출 한계 : 20PPM	1PPM 이하 권장 (장기 노출시)
TVOC (총 휘발성 유기화합물)	대한민국 실내 공기질 권고 기준 : 0.40 PPM 이하 일반 환경에서 권장 기준 : 0.30PPM	0.30~0.40PPM 이하 권장
NH3 (암모니아)	실내 권장 기준 : 0.20PPM이하 산업 환경 (OSHA):25PPM(8시간 노출 한계	0.20PPM 이하 권장

※ 참고사항

- 기준치는 장기 노출 시 인체에 무해한 농도를 기준으로 합니다.
- 산업 환경과 일반 실내 환경의 기준은 다르며, 위 표는 일반 실내 환경 기준을 우선 적용했습니다.
- TVOC와 NH3는 환기와 공기 정화로 낮추는 것이 좋습니다.

(4) 최종 점검과 완료 보고

작업 완료 후, 건물주와 함께 현장을 최종 점검하며 복구 상태를 확인했습니다. 건물주는 심각했던 현장이 완벽히 복구된 것에 크게 만족하며, 추가 요청 없이 작업을 승인했습니다. 청소팀은 작업 기록과 보고서를 작성해 건물주에게 전달하고 작업 종료를 선언했습니다.

3) 무연고 고독사 현장

서울의 한 원룸 건물에서 세입자 A씨가 오랫동안 모습을 보이지 않자, 이웃 주민들은 악취를 감지하고 건물주에게 불만을 제기하였으며 경찰과 구청에 신고 후, A씨가 극단적 선택을 한 채 방치된 상태로 발견되었습니다.

(1) 사건 개요

- 서울의 한 원룸 건물에서 세입자 A씨가 오랫동안 모습을 보이지 않자, 이웃 주민들은 악취를 감지하고 건물주에게 불만을 제기.
- 경찰과 구청에 신고 후, A씨가 극단적 선택을 한 채 방치된 상태로 발견.

(2) 작업 진행 및 주요 문제

① 유가족의 거부
- 구청이 유가족과 연락했지만, 시신 인수와 상속을 모두 거부.
- 건물주는 난감한 상황에서 특수청소 업체에 도움 요청.

② 법적 문제
- 청소 업체는 유품 처리와 관련해 유가족이 나중에 재산 상속권을 주장할 가능성을 경고.
- 구청은 개인정보 보호를 이유로 유가족과의 연결을 차단.

③ 추가 문제 : 방치된 차량
- 고인의 차량이 원룸 주차장에 방치되어 다른 세입자들에게 불편 초래.
- 차량 처리에는 복잡한 법적 절차가 요구됨.

(3) 결과 및 대처
- 건물주는 민·형사상 분쟁 가능성을 감수하며 구청과 협력해 서류를 준비하고, 문제를 해결.
- 방치된 차량 문제는 여전히 해결이 쉽지 않은 상태로 남음.

강력범죄 현장 사례

1) 도심 오피스텔 강력범죄 현장

강력범죄 현장은 살인, 폭력 등 비극적인 사건으로 인해 피해자와 유족들에게 깊은 상처를 남깁니다. 사건이 종료된 이후에도 혈흔, 체액, 오염된 물품 등이 남아 있어 정서적 부담과 위생상의 문제를 야기합니다. 이를 해결하기 위해 전문적인 청소와 복구 작업이 필요하며, 동시에 피해자를 위한 사회적 지원도 필수적입니다.

특히 이번 사례는 서울의 한 도심 오피스텔에서 강력범죄가 발생해 심각한 오염과 유족의 심리적 충격이 우려된 사건입니다. 경찰 조사 완료 후, 청소팀은 다음과 같은 절차를 통해 현장을 복구했습니다.

① 현장 점검 후 혈흔과 오염물 제거.
② 오존 살균과 항균 소독 작업을 통해 공기와 표면을 정화.
③ 피해자의 요청에 따라 유품 분류와 재산 목록 작성.
④ 범죄피해자구조금을 안내해 유족의 재정적 부담을 완화.

청소 작업이 끝난 후, 유족은 스마일센터의 심리 상담을 통해 정서적 안정을 되찾았습니다. 또한, 경찰청과 스마일센터에서 제공한 정보를 통해 이사비와 주거비 일부 지원을 받으며 새로운 시작을 준비했습니다.

(1) 강력범죄 현장 청소 절차

① 초기 현장 점검 및 계획 수립
- 경찰과 협력하여 현장을 점검하고 오염 정도와 피해 상황을 분석합니다.
- 혈흔, 체액, 파손된 물품 등을 확인한 후 청소 계획을 수립하고 필요한 장비를 준비합니다.

② 혈흔 및 오염물 제거
- 특수 흡입기와 전문 용액을 사용해 혈흔, 체액, 기타 오염물을 철저히 제거합니다.
- DNA 오염물과 세균, 바이러스를 완벽히 소독하여 감염 위험을 예방합니다.

③ 파손된 물품 처리
- 파손된 가구와 소품은 안전하게 폐기하며, 유족의 요청에 따라 재산 목록을 작성해 필요한 물품만 선별합니다.

④ 살균 및 소독 작업
- 자외선(UV) 소독기와 오존 살균기를 활용해 공기 중 병원균을 제거하고 악취를 정화합니다.
- 연막 항균제를 사용해 현장 전체의 표면에 항균 보호막을 형성합니다.

(2) 피해자 지원 제도 안내

① 경제적 지원범죄피해자구조금제도 : 강력범죄로 인한 사망, 장해, 중상해 피해자에게 국가가 구조금을 지급합니다.
- 긴급복지 지원제도 : 갑작스러운 위기 상황에 처한 피해자 가구를 신속히 지원합니다.
- 이전비 지원제도 : 보복 우려로 거주지를 이전한 피해자에게 이사비를 지원합니다.
- 주거지원제도 : 피해자를 위해 임시 숙소 제공 및 주거비를 지원합니다.
- 배상명령제도 : 피해자가 민사소송 없이도 가해자로부터 손해배상을 받을 수 있는 제도입니다.
- 보험급여 지원제도 : 무보험차량 사고 및 뺑소니 피해자에게 보험급여를 지원합니다.

② 법률적·심리적 지원
- 무료법률구조제도 : 법률 상담 및 소송 대리를 제공해 경제적 부담을 줄여줍니다.

- 법률홈닥터 : 지역 주민 대상 무료 법률 상담 서비스를 제공합니다.
- 스마일센터 심리치료 지원 : 심리 상담과 치료를 통해 피해자의 정서적 회복을 돕습니다.
- CARE(피해자심리전문요원) : 초기 심리평가와 상담을 통해 피해자에게 즉각적인 정서적 지원을 제공합니다.

③ 기타 지원
- 피해자 임시숙소 제도 : 안전한 거주지를 임시로 제공합니다.
- 피해 현장 정리 서비스 : 범죄 현장을 청소하고 복구하는 서비스를 제공합니다.

④ 주요 지원 기관 및 연락처
- 경찰청 : 182
- 지방검찰청 피해자지원실 : 1577-2584
- 범죄피해자지원센터 : 1577-1295
- 대한법률구조공단 : 132
- 보건복지콜센터 : 129

[별첨7] 범죄피해자 지원 제도

범죄피해자 지원 제도란?

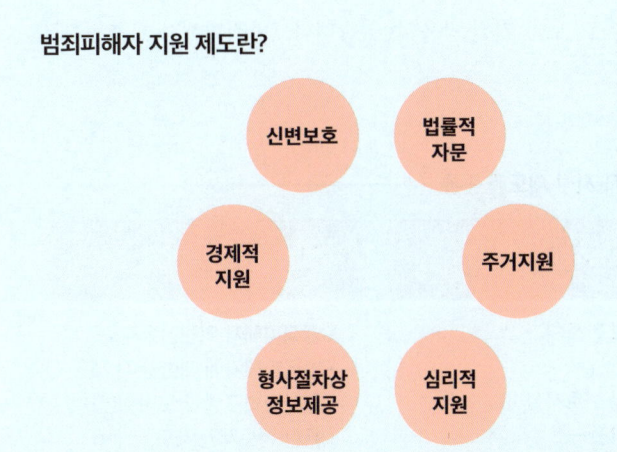

　국가에서 범죄피해자의 신변보호는 물론 경제적, 정신적, 법률적 지원뿐만 아니라 형사절차상 정보제공 등을 다양하게 지원 하는 것입니다. 자세한 내용은 법무부(http://www.moj.go.kr/cvs/index.do)에서 확인하실 수 있습니다.

범죄피해자

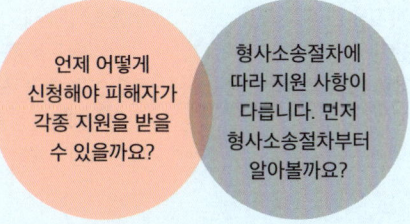

　타인의 범죄행위로 피해를 당한 사람과 그 배우자(사실상의 혼인 관계 포함), 직계 친족 및 형제자매를 말합니다. (범죄피해자 보호법 제 3조 제1항)

10. 다양한 특수청소 현장 사례　　215

범죄피해 방지 및 범죄 피해자 구조 활동으로 피해를 당한 사람도 범죄피해자로 보아 지원 받을 수 있습니다. (범죄피해자 보호법 제3조 제2항)

범죄 피해자 지원 제도의 종류

피해자의 신변보호	형사 절차상 피해자 보호
• 신변보호 조치 • 기명조서 • 피해자 보호시설 • 임시안전숙소 • 이전비(이사실비) • 스마트워치(워치확인장치)	• 범죄피해자 의견진술제도 • 범죄피해자에 대한 통지 제도 • 형사사법포털과 모바일(앱)을 통한 정보제공 제도 • 신뢰관계 있는 자의 동석 제도 • 피해자 국선 변호사 제도 • 진술조력인 제도

신체·정신·재산상의 피해회복을 위한 지원	가해자로부터의 손해배상
• 범죄피해자구조금 제도 • 주거지원 제도 • 경제적지원제도 • 범죄피해자지원센터를 통한 피해자 지원제도 • 스마일센터를 통한 피해자 지원 제도	• 배상명령 제도 • 형사소송절차에서의 화해 제도 • 형사조정 제도 • 법률홈닥터 제도 • 대한법률구조공단 • 대한변협 법률구조재단 • 한국가정법률상담소 • 대한가정법률복지 상담원

10-3 변사 차량 현장 사례

극단적 선택이나 변사 사건이 발생한 차량은 내부 오염과 악취, 그리고 구조적 손상이 복합적으로 나타나는 경우가 많습니다. 이러한 문제를 해결하기 위해 특수 청소 작업, 오염 제거, 위생 처리가 필수적이며, 차량의 잔존 가치를 평가하고 상속 절차에 따라 법적·행정적 업무를 연계하는 종합적인 서비스를 필요로 합니다.

<주요 작업 절차>

① 현장 조사 및 청소 계획 수립
- 차량이 위치한 현장 도착 후, 내부 오염 상태를 철저히 조사합니다.
- 시신 부패, 번개탄 손상 등으로 발생한 혈액, 부패액, 체액의 스며듦 정도와 악취 상태를 파악합니다.
- 실내 복합 가스 측정 결과를 통해 작업 계획을 수립합니다.
- ODOR (악취), H2S (황화수소), TVOC (휘발성 유기화합물) 등의 수치를 기록해 공기 질 상태를 확인.

차량의 연식, 주행거리, 사고 이력, 저당 설정 여부 등을 고려해 특수 청소 범위와 차량의 잔존 가치를 평가합니다.

② 오염 제거 및 소독 작업

- 차량 내부의 혈액, 부패액, 번개탄 연소 흔적 등 모든 오염물질을 제거합니다.
- 오존 살균기와 산업용 탈취제를 사용해 악취를 제거하고 공기를 정화합니다.
- 연막 항균제와 UV 살균기로 세균과 바이러스를 사멸시키며 차량 내부 위생 상태를 개선합니다.

③ 유가족과의 소통 및 법적 절차 연계

- 유가족이 단순 승인, 한정 승인, 상속 포기 중 상속 방식을 결정하면, 법무 법인, 금융사, 렌트카 회사 등과 협력해 후속 절차를 진행합니다.
- 차량 처분, 저당 해지, 보험 수리 절차 등을 모두 포함한 종합적인 해결 방안을 제공합니다.

④ 정상화 작업 및 서류 처리

- 오염물 제거 후, 차량 내부 복원 작업을 실시해 원래 상태로 되돌립니다.
- 차량 처분 및 말소, 렌트카 반납 절차를 원활히 마무리하기 위해 필요한 모든 서류 작업을 지원합니다.

1) 차량 내 극단적 선택 사례

(1) 사건 개요

경기도 한 공원 주차장에 방치된 법인 소유 차량에서 극단적 선택 사건이 발생했습니다. 차량 내부는 시신 부패로 인해 혈액과 체액이 차량 바닥까지 스며든 상태였으며, 심각한 악취가 차량 외부로까지 퍼져 있었습니다.

(2) 작업 진행

- 현장 조사 : 조수석 바닥과 뒷좌석에서 혈액과 부패액이 확인되었으며, 경차 특유의 단순 구조로 인해 오염물이 차체 프레임까지 침투한 상태였습니다.
- 오염 제거 : 보호 장구를 착용한 청소팀이 모든 오염물을 제거하고 오염된 부품은 정비소에 입고하여 완전히 교체했습니다.
- 소독 및 살균 : 자외선 살균과 오존 처리를 통해 병원균과 악취를 제거했습니다.
- 법적 절차 연계 : 법인 대표와 협력해 차량 가치를 평가하고, 보험 수리 및 저당 해지 절차를 지원했습니다.

2) 번개탄 차량 사고 사례

(1) 사건 개요

지방 도로에 주차된 장기렌트 차량에서 극단적 선택 사건이 발생했습니다. 유가족의 요청으로 청소팀이 현장에 출동했으며, 고인이 빠르게 발견된 덕분에 심각한 오염은 없었지만 번개탄 연소로 인한 탄냄새가 차량 내부에 강하게 남아 있었습니다.

(2) 작업 진행

- 탄냄새 제거 : 오존 살균기와 산업용 탈취제를 사용해 차량 내부의 탄냄새를 완전히 제거했습니다.
- 내부 복원 작업 : 번개탄으로 손상된 뒷좌석 바닥은 정비소에 입고하여 교체하고 세심하게 내부를 청소했습니다.
- 렌트카 반납 지원 : 차량을 원래 상태로 복원한 후 렌트카 회사와 협력해 서류 검수와 반납 절차를 원활히 마무리했습니다.

10-4 쓰레기집 현장 사례

　쓰레기집은 장기간에 걸쳐 물건이 쌓이거나 버리는 것에 어려움을 겪는 저장 강박으로 인해 발생합니다. 이러한 현상은 주로 노년층의 주거 공간에서 빈번히 나타나지만, 최근에는 20~30대 청년층에서도 우울증이나 정신적 스트레스와 같은 심리적 요인으로 인해 증가하고 있습니다. 쓰레기집은 다음과 같은 위험을 초래할 수 있습니다.

- 화재 위험 : 쓰레기가 쌓여 통로를 막고, 화재 발생 시 대피를 어렵게 만듭니다.
- 위생 문제 : 부패한 음식물이나 쓰레기에서 나오는 악취와 세균이 질병 위험을 높입니다.
- 이웃 주민과의 갈등 : 악취와 해충으로 인해 민원이 발생하고, 지역 주민들의 스트레스가 증가합니다.
- 사회적 문제 : 쓰레기집으로 인해 소유자와 가족 간 갈등이 심화되며, 사회적 고립으로 이어질 수 있습니다.

<쓰레기집 처리 과정>

① 고객 의뢰
　쓰레기집 청소는 고객의 의뢰로 시작됩니다. 의뢰자는 쓰레기집 문제를 해결하고자 전문가의 도움을 요청합니다.

② 현장 방문

전문가는 현장을 직접 방문하여 쓰레기의 양과 오염 상태를 평가합니다. 이를 통해 작업에 필요한 장비와 인력을 파악하고, 고객과 함께 청소 방향과 범위를 협의합니다.

- 쓰레기의 종류와 상태 (일반 폐기물, 음식물, 유해물질 등)
- 오염 정도와 악취 수준
- 공간의 복구 필요성 (철거, 소독, 인테리어 작업 등)

③ 견적 및 계획 수립

현장 평가 후, 쓰레기 양과 처리 방법에 따라 청소 비용에 대한 견적을 제공합니다. 이후 작업 일정과 청소 범위를 구체적으로 계획하여 고객에게 전달합니다.

- 폐기물 처리 방식
- 청소 작업 소요 시간
- 필요 장비 및 자재
- 추가 작업 여부 (철거, 복구 등)

④ 폐기물 수거 및 악취 제거

본격적인 청소 작업이 시작되며, 폐기물을 수거하고 전문 장비를 사용해 악취를 제거합니다. 작업은 다음과 같이 진행됩니다.

- 폐기물 분리 : 일반 쓰레기, 재활용품, 유해물질 등을 분리 배출.
- 악취 제거 : 오존 살균기와 산업용 탈취제를 활용해 공기 중의 악취 입자를 제거.
- 위생 소독 : 자외선(UV) 소독과 항균제 살포로 세균과 바이러스를 제거하여 위생 환경을 개선.

⑤ 추가 작업 및 복구

필요 시 추가 작업이 진행되며, 공간을 원래 상태로 복원하는 데 중점을 둡니다.

- 철거 작업 : 오래된 가구나 손상된 시설물을 철거.
- 경미한 공사 : 벽지, 바닥, 천장 등 손상된 인테리어 복구.
- 최종 점검 : 작업 완료 후 현장을 점검하며 고객과 함께 복구 상태를 확인.

1) 원룸 쓰레기집 현장 사례

이번에는 원룸 쓰레기 청소와 가정폐기물 처리 요청에 대한 작업 과정을 소개합니다. 의뢰인으로부터 원룸 쓰레기집 청소 요청을 접수한 후, 무료 방문 견적을 진행했습니다. 현장 확인 결과, 집 내부가 심각하게 어질러져 있었으며, 이를 통해 작업의 범위를 구체화하기 위해 의뢰인과 상담을 진행했습니다. 상호 협의 후, 다음 날 본격적인 특수청소 작업을 시작했습니다.

(1) 주요 작업 진행 과정

① 집안 물건 정리 및 가정폐기물 처리

청소팀은 집안에 쌓여 있던 물건들을 모두 정리하고, 재활용 가능한 물품과 가정폐기물을 분리하여 처리했습니다. 쓰레기집 특성상, 폐기물 양이 많아 작업 시간이 상당히 소요되었지만 체계적인 분류와 정리 과정을 통해 효율적으로 처리했습니다.

② 벽지 제거 및 공간 정리

오랜 기간 방치된 벽지에는 곰팡이와 오염물이 스며들어 있어, 모든 벽지를 제거하기로 결정했습니다. 벽지 제거 후, 벽면 상태를 점검하고 필요한 부분은 추가적으로 청소하며, 공간 전체의 정리를 진행했습니다.

③ 인테리어 시설물 보존

사망사건 현장이 아니었기 때문에 인테리어 시설물을 철거하지 않고, 기존 시설물을 그대로 보존한 상태에서 작업을 진행했습니다. 이를 통해 청소 비용을 절감하고, 공간 복구를 보다 신속하게 마칠 수 있었습니다.

④ 살균 및 항균 작업

모든 정리 작업이 완료된 후, 살균 소취제와 연막 항균제를 사용하여 집안 전체를 철저히 소독했습니다. 이를 통해 미세한 오염물질과 악취를 제거하고, 항균 보호막을 형성해 깨끗한 상태를 유지하도록 했습니다.

⑤ 의뢰인 확인 및 작업 종료

작업 완료 후, 의뢰인과 함께 현장을 점검하며 모든 요청 사항이 충족되었음을 확인했습니다. 의뢰인은 집안이 새롭게 정돈된 것을 보고 만족감을 표하며 작업 종료를 승인했습니다.

(2) 작업 후 개선된 환경

청소 전·후의 큰 변화로 인해, 집 내부는 다음과 같은 상태로 개선되었습니다.

- 쾌적한 공간 복구 : 모든 폐기물과 오염물 제거 후, 깨끗하고 살기 좋은 환경으로 복원되었습니다.
- 위생적 환경 조성 : 살균 소독 및 항균 처리를 통해 세균과 병원균 번식 위험을 차단했습니다.
- 정신적 안정을 제공 : 어수선했던 공간이 정리됨으로써 의뢰인은 심리적 안정과 새로운 출발의 기반을 마련했습니다.

이번 원룸 쓰레기집 청소 사례는 공간의 위생과 안전 확보에 중점을 두었습니다. 특히, 벽지 제거와 철저한 항균 작업을 통해 오랜 시간 방치된 환경을 새롭게 탈바꿈시켜, 의뢰인의 삶의 질을 근본적으로 향상시키고자 노력하였습니다.

 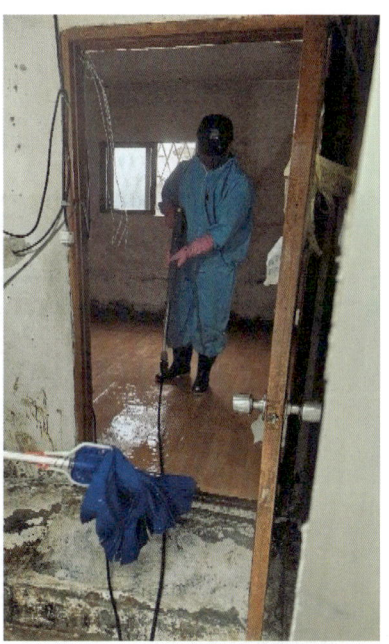

<사진 1-1> 쓰레기집 청소 전   <사진 1-2> 쓰레기집 청소 진행과정

(3) 그 외 다양한 쓰레기집 청소 전·후 사진

쓰레기집 [사례1]

<사진 1-1> 쓰레기집 청소 및 폐기물 수거 전(**아파트)

쓰레기집 [사례1]

<사진 1-2> 쓰레기집 청소 및 폐기물 수거 후(**아파트)

일반주택 쓰레기집 [사례2]

<사진 2-1> 일반주택 쓰레기집 청소 및 폐기물 수거 전

일반주택 쓰레기집 [사례2]

<사진 2-2> 일반주택 쓰레기집 청소 과정 및 폐기물 수거 후

고독사 · 쓰레기집 · 위기 현장 청소 실무 가이드 | 특수청소 매뉴얼

The Special Cleaning Manual

11
부록

11-1 참고문헌

1) 참고도서

▷ 특수청소부/나카야마 시치리/블루홀식스/원제 : 特殊清掃人 (2024)

▷ 죽은 자의 집 청소/김완/김영사(2020)

▷ 흔적을 지워드립니다/마에카와 호마레/라곰/(2022)

▷ 청소교육 강사의 자격/김일효, 김소연 공편저/상학당/(2019)

2) 보도 기사 및 관련 영상 자료

https://www.mhns.co.kr/news/articleView.html?idxno=701433
대한인재진흥원, 경남광역자활센터와 협력하여 사회적 기여 확대…'특수청소관리사 25명 배출'/문화뉴스 이강훈 기자/2024.10.07

https://n.news.naver.com/article/057/0001842710
MBN '쓰레기집'에서 구조된 강아지들…냉장고엔 사체까지 [AI뉴스피드]/MBN 최유나 기자/2024.09.20

https://www.sweepers.co.kr/main/index.php
스위퍼스 유품정리 특수청소 회사(홈페이지)

https://www.youtube.com/@user-qe8sd4lg4v/videos
트라우마 특수청소부/ 특수청소 전문채널(유튜브)

https://www.youtube.com/watch?v=O9tLmtjF_6o
의사, PD, 인플루언서도 있었다! 쓰레기집에 사는 청년들이 늘어나는 이유? | 짧은

그알/ 그것이 알고 싶다

https://www.youtube.com/watch?v=F_qNBMK75gE
특수청소 전문가가 말하는 "고독사 일어난 집에서 나타나는 공통적인 현상들" /특수청소부 정확히 어떤 직업인가요?/사이다/특수청소 전문업체_박제이미 팀장(유튜브 영상)

https://blog.naver.com/psh1951/222633972391
유품정리·특수청소업체 '에버그린' 김현섭 대표 인터뷰 : 천장까지 쓰레기 산, 널브러진 독촉장… 쓸쓸히 죽어간 슬픔, 현장에 고스란히/매경 이코노미 나건웅 기자/2022.01

https://chogija.com/entry/2023-대한민국-孤-리포트가족·사회와-끊긴-채…-죽음-앞에서도-'단절'/ [조기자닷컴:티스토리]

https://www.dtnews24.com/news/articleView.html?idxno=759535
대한인재진흥원, '특수' 현장에 필요한 '특수청소 전문가' 35명 배출 '눈길'/디트뉴스24/윤원중 기자/2023.11.21.

http://1-dhij.kr/
㈜대한인재진흥원

https://blog.naver.com/1onecare/223419509817
㈜대한인재진흥원, 원케어간병협회 블로그

https://blog.naver.com/1onecare/223269920800
특수청소관리사의 모든 것/원케어간병협회/2023.11.20

https://pf.kakao.com/_PxiUvG
㈜대한인재진흥원/카카오채널

https://www.youtube.com/watch?v=9JzguDdV81Y&llst=PLJdsb6kQXfhGctNd4J76pnNo7oWpYGSbl&index=25
386~X세대 정년 100세/(세상을 바꾸는 15분)_성시화

http://www.sisunnews.co.kr/news/articleView.html?idxno=217211
충청남도 노인체육회, 원케어협회&대한인재진흥원과 MOU 체결 "활기찬 노후를 위한 협력"/시선뉴스/김정연 기자/2024.10.30

https://www.dailymotion.com/video/x62dsz9

극한직업/Extreme JOB. 특수청소부(EBS1다큐)_화재 현장 청소/2017.09.21.

https://www.insight.co.kr/news/61781
살인 사건 현장 정리하는 '특수 청소부'의 하루/인사이트/성보미 기자/2022.08.07

https://m.blog.naver.com/iwaaki/221622988631
유품정리사, 특수청소부 웹툰 'SWEEPERS 스위퍼스<청소부들>' - 반지하와 3층(3화)

https://www.tenbizt.com/issue/article/76003/
'가수, 예능'에 이어 특수청소부로 파격 변신하는 아이돌 멤버, 권유리(고독사 처리하는 청소부役)/영화 '미스트'/논현일보/2023.12.12.

단편영화_"청소부"/당신의 마지막 길을 청소합니다./청소부의 삶을 통해 사회의 다양한 문제를 조명한 작품(2018)

영화_굿바이(2008)

드라마_무브 투 헤븐 : 나는 유품정리사입니다(2023)

그것이 알고 싶다(1397회)SBS 나 혼자 '쓰레기집'에 산다/2024.05.11

11-2 ㈜대한인재진흥원 및 원케어 협회 소개

1) 회사 및 프로그램 소개

대한인재진흥원은 2022년 설립된 법인으로, 빠르게 진행되는 고령화 사회에 대응하고자 '노인돌봄관리사' 자격증을 통해 첫 걸음을 내디뎠습니다. 이는 현대 사회가 직면한 복합적이고 다양한 문제를 해결하기 위한 전문 인력 양성과 체계적인 교육 시스템 구축의 시작이었습니다.

현재 대한인재진흥원은 전문 자격 과정과 교육 프로그램을 지속적으로 신설·운영하며, 산하 기관으로는 원케어간병협회, 원케어 통합재가센터와 일상돌봄 서비스를 운영하고 있습니다. 이들 기관은 현장에서 직접 서비스를 제공함으로써, 실질적인 사회복지의 가치를 실현하고 있으며 또한, 열정은 있으나 전문지식과 자금력으로 고민하고 있는 전국의 사회복지 창업을 준비 및 계획하는 예비 창업자들에게 가맹사업으로 컨설팅도 활발하게 진행하고 있습니다.

앞으로도 대한인재진흥원은 급변하는 사회적 요구에 부응하며, 전문성과 따뜻한 돌봄이 결합된 사회서비스 제공을 통해 지속가능한 복지사회를 만드는 데 앞장서겠습니다.

대한인재진흥원은 다양한 분야의 전문 교육을 통해 실질적인 사회적 가치를 실현하기 위해 노력하고 있습니다.

- 특수청소관리사 과정은 현재 대한인재진흥원의 대표 프로그램으로, 국내에서 가장 많은 교육생과 자격증을 배출하며 관련 분야에서 독보적인 위치를 차지하고 있습니다. 2023년에는 "특수청소의 모든 것" 프로그램을 시작으로, 2024년에는 이를 "특수환경 정화를 위한 특수청소관리사 자격 과정"으로 개편해 보다 전문화된 교육을 제공하였으며 2025년부터 본 교재를 바탕으로 전문인 양성과 창업 컨설팅으로 실질적인 도움을 드리기 위해 노력하겠습니다.

- 노인돌봄관리사 과정은 고령화 사회의 문제를 해결하기 위해 개발되었으며, 자기업인 원케어간병협회와 협력하여 간병인 파견 서비스를 운영하고 있습니다. 교육을 받은 간병인들이 현장에서 직접 활동할 수 있도록 지원하며, 고령화 사회에서 돌봄 서비스의 질을 크게 향상시키고 있습니다.

생존수영지도사와 산모신생아건강관리사 과정은 생명을 지키고 새로운 생명을 돌보는 데 필요한 전문성을 강화하는 교육으로, 다양한 사회적 요구를 충족시키고 있습니다.

주무부처인 행정안전부의 승인으로 2024년 말 개설한 재난안전관리사 자격 과정은 이미 해병대전우회와 협약을 체결한 상태로, 2025년 상반기부터 현대 사회에서 재난 대응 및 안전 관리에 필요한 전문 인력을 양성할 계획입니다. 현역으로 복무 시에는 국가를 수호하며 제대 후에는 지역사회에 봉사하는 해병대전우회와 함께합니다.

또한, 대한인재진흥원은 교육을 넘어 사회적 복지와 지속 가능한 발전을 위한 협력에도 주력하고 있습니다.

- 충청남도 광역정신건강복지센터와 협력하여, 고독사 및 자살 현장에서 특수청소 서비스를 연계하며 사회적으로 중요한 문제를 해결하는 데 기여하고 있습니다.

- 충청남도 노인체육회와의 MOU를 통해 '활기찬 노후' 프로그램을 운영하며, 노인의 건강 증진과 정서적 안정을 위한 무료 상담 서비스 및 일자리 창출 시스템을 구축하고 있습니다.

- (사)한국노인장기요양기관협회 지부와 MOU를 통해 사회복지 및 교육 제공으로 함께하고 있습니다.

- 노인시설의 행복프로그램 개발 및 운영으로 어르신들의 정서적, 육체적 활기찬 노후를 응원하고 있습니다.

- 원케어 간병협회는 전국적으로 서비스를 제공하며, 대한인재진흥원의 교육생을 통해 간병인과 돌봄 전문가를 현장에 투입하고 있습니다.

2) 미래 계획 및 비전

대한인재진흥원은 창립 이래 현대 사회가 직면한 다양한 문제를 해결하기 위해 실무 중심의 전문 인재를 양성하며, 특수청소관리사, 노인돌봄관리사, 생존수영지도사, 산모신생아건강관리사, 재난안전관리사, 시니어행복프로그램지도사 등 다양한 민간자격 과정을 운영하고 있습니다. 이들 과정은 각 분야의 실질적 요구를 반영한 체계적인 교육을 바탕으로, 업계에서 중추적인 역할을 담당할 전문가를 배출하는 데 기여하고 있습니다.

(1) 핵심 자격 과정과 사회적 기여

① 노인돌봄관리사

고령화 사회에서 돌봄 서비스의 질을 향상시키기 위해, 대한인재진흥원은 자기업인 원케어간병협회와 협력하여 간병인의 현장 경험을 강화하고 있습니다. 이를 통해 전문성을 갖춘 돌봄 전문가를 배출하며, 노인 돌봄의 중요성을 반영한 사회적 요구에 부응하고 있습니다.

② 특수청소관리사

특수한 환경에서의 청소 작업을 전문적으로 수행하기 위한 이 과정은 서울특별시 관악자활센터와 경남광역자활센터 등과 협력하여 교육 및 자격증 배출을 진행하였으며 또한, 충청남도 광역정신건강복지센터와의 협력을 통해 고독사 및 자살 현장에서 직접 특수청소 서비스를 제공하며, 특수청소 업계의 선도적인 역할을 수행하고 있습니다. 이를 통해 사회적 문제 해결과 취약 계층 지원에 앞장서고 있습니다.

③ 재난안전관리사

재난 대응 및 안전 관리 분야에서 필요한 전문성을 갖춘 인재를 양성하기 위해 설계된 이 과정은 다양한 재난 상황에 대한 체계적인 대응 교육을 제공합니다. 특히, 안전을 중시하는 현대 사회에서 재난 관리 전문가의 중요성을 강조하며, 미래의 재난 대응 체계를 강화하는 데 기여하고 있습니다.

④ 생존수영지도사

수중 재난 상황에서 생존 능력을 키우는 데 중점을 둔 이 과정은 실제 재난 상황에서의 실전 대응 능력을 함양하기 위한 특화된 교육을 제공합니다. 생존 전문가를 양성하며, 생명을 보호하는 실질적인 훈련을 통해 공공 안전에 이바지하고 있습니다.

⑤ 산모신생아건강관리사

산모와 신생아의 건강을 보호하기 위한 이 과정은 전문 지식과 실무 능력을 강화해 필수적인 전문가를 배출하며, 모성과 신생아의 복지를 지원하는 데 중추적인 역할을 담당하고 있습니다.

⑥ 시설행복프로그램지도사

장기요양시설에 입소한 어르신들의 신체적, 정신적 건강 증진을 목표로 활기차고 즐거운 노후 생활을 지원하기 위해 건강체조, 노래, 웃음 교감, 악기 활용, 공예 활동, 보드게임 등 다양한 프로그램 활동을 구성하고 체계적으로 기획하여 이를 수행할 수 있는 전문가를 양성 합니다. 이에 장기노인시설에 전문화된 교육 제공과 일자리 창출 효과로 사회에 기여합니다.

(2) 미래를 향한 비전

대한인재진흥원은 교육 혁신과 사회적 책임을 기반으로 지속 가능한 성장을 이루기 위한 구체적인 비전을 제시합니다.

① 출판 및 교육 콘텐츠 강화
- 자회사들과의 협력을 통해 출판, 미디어, 온라인 학습 플랫폼을 강화하며, 보다 폭넓고 깊이 있는 학습 기회를 제공합니다.
- 모든 교재와 콘텐츠는 실무 중심의 교육을 강조하며, 학습자들이 현장에서 즉시 활용할 수 있는 능력을 배양하는 데 초점을 맞춥니다.

② 현장 대응력 극대화
- 각 과정은 실제 현장에서의 실질적인 대응력을 극대화하기 위해 설계되었습니다. 이를 통해 다양한 직업군에서 요구되는 전문성을 갖춘 인재를 지속적으로 양성합니다.

③ 교육 접근성 확대
- 학습의 진입장벽을 낮추어 누구나 쉽게 교육에 접근할 수 있도록 노력합니다. 이를 통해 지역적, 경제적 한계를 넘어 모든 사람이 양질의 교육을 받을 수 있는 환경을 조성합니다.

④ 사회적 가치 창출
- 교육을 통해 사회적 문제를 해결하고, 복지와 안전을 강화하는 데 중점을 둡니다. 특히, 특수청소 및 재난 관리와 노인복지 분야에서의 역할을 확장하며, 지역사회와의 협력을 통해 지속 가능한 변화를 도모합니다.

⑤ 글로벌 교육 선도
- 국내뿐 아니라 해외에서도 인정받는 전문 교육기관으로 성장하기 위해 국제 표준에 부합하는 교육 과정을 개발하고, 글로벌 교육 네트워크를 구축합니다.

(3) 산하기관 및 브랜드 비전 (원케어방문요양센터, 일상돌봄서비스)

대한인재진흥원은 산하기관으로 원케어간병협회, 원케어 통합재가센터와 일상돌봄 서비스를 운영하며, 급격하게 진진되는 고령 사회의 다양한 문제에 실질적으로 대응하고 있습니다. 이 세 기관은 단순한 복지 제공을 넘어, 고령자와 그 가족의 삶의 질을 높이는 데 중점을 두고 운영되고 있습니다.

또한, 대한인재진흥원은 현재에 머무르지 않고 더 나아가 2025년

'통합 사회복지 서비스' 실현을 목표로 '원케어' 브랜드를 중심으로 컨설팅과 서비스 확장을 준비 중입니다. 이는 복지 서비스의 효율성과 접근성을 높이기 위한 전략적 움직임으로, 미래형 사회복지 모델을 선도하고자 하는 대한인재진흥원의 비전을 담고 있습니다.

앞으로도 대한인재진흥원은 현장과 밀접하게 연결된 실천 중심의 복지 서비스를 통해 모두가 존엄하게 살아갈 수 있는 사회 구현에 기여할 것입니다.

<자격증 양식(샘플)>

3) 원케어 협회 및 봉사단 소개

원케어 협회는 대한민국 시니어 케어 산업의 선두 주자로, 대한인재진흥원과의 협업 브랜드입니다. 고령화 사회에서 증가하는 돌봄 수요에 부응하기 위해 보호자와 환자가 신뢰할 수 있는 전문적인 서비스를 제공하며, 시니어 케어 분야에서 중추적인 역할을 수행하고 있습니다.

(1) 원케어 간병협회

원케어 간병협회는 전국 병원과의 협력을 통해 공동 간병실 운영과 개인 간병 서비스를 제공하며, 환자와 보호자의 다양한 요구를 충족시키고 있습니다.

- 공동 간병실 운영 : 간병비를 절감하여 보호자의 경제적 부담을 완화합니다.
- 개인 간병 서비스 : 환자 맞춤형 돌봄을 통해 보다 세심한 케어를 제공합니다.

최근에는 간병보험 상품의 활성화로 보험사와의 간병인 매칭 대행 서비스도 확대되었으며, 환자(보호자)의 간병인 직접 매칭 비중은 감소했습니다. 특히 가족 간병 프로그램은 보호자와 간병인의 유대감을 강화하며, 돌봄의 질적 향상을 이루고 있습니다.

(2) 원케어 봉사단

원케어 봉사단은 대한인재진흥원과 원케어 간병협회의 지원을 받아 활동하는 전문 봉사 조직으로, 고령화 사회에서 노인들이 복지 혜택을 충분히 누릴 수 있도록 실질적인 지원을 제공합니다.

- 병원 및 장기요양시설에서의 정서적 지원과 후원
- 장기요양등급 신청과 간병 서비스 관련 무료 상담 제공

(3) 대표적인 활동 사례

2025년 아산 성웅 이순신 축제에 참가한 원케어봉사단은 지역 주민

들과 방문객들을 위해 뜻깊은 사회공헌 활동을 펼쳤습니다. 현장에서는 혈압 측정기 시연과 함께 간단한 혈압 건강 상담 서비스를 제공하며, 시민들의 건강 인식을 높이는 데 기여했습니다. 또한, 일상 속에서 쉽게 지우기 어려운 혈흔이나 커피 얼룩 등을 제거할 수 있는 특수 청소 용액(오점 제거제)을 선보이며, 그 사용법과 실생활 활용 팁을 직접 시연해 큰 관심을 모았습니다. 이번 활동을 통해 참가자들은 건강 관리뿐 아니라 생활 속 유용한 정보도 함께 얻을 수 있는 뜻깊은 시간을 보냈으며, 원케어봉사단은 앞으로도 지역사회와 함께하는 실천적 봉사를 이어나갈 예정입니다.

- 상담 주제 : 건강 상담, 생활 속 혈흔이나 커피 얼룩 등 잔여물 지우기
- 활동 성과 : 병원 혹은 각종 센터들에서만 할 수 있는 혈압 측정계를 축제 행사장에서 직접 시연하며 간편한 건강 체크 및 상담을 통해 건강관리에 중요성을 재인식 하는 행사가 되었으며 생활속 잔여물인 혈흔이나 커피 얼룩 등을 쉽게 지우는 방법 지원

(4) 사회적 책임과 간병 산업 발전

원케어 협회는 환자와 보호자의 신체적·정서적 요구를 종합적으로 충족시키는 데 주력합니다.

- 간병인의 권익 보호 : 책임보험 의무화를 통해 간병인의 안정적인 근무 환경을 조성
- 고품질 서비스 제공 : 돌봄 품질을 지속적으로 향상시키며, 간병인의 직업 만족도를 높임

협회는 간병인의 직업적 전문성을 강화하는 동시에, 돌봄 사각지대 해소와 노인 복지 향상을 목표로 지속 가능한 비전을 실현하고 있습니다. 앞으로도 ㈜대한인재진흥원과 협력하여, 특수청소관리사, 노인돌봄관리사, 산모신생아건강관리사, 재난안전관리사, 시니어행복프로그램지도사 등 다양한 자격증 과정을 통해 전문 인력을 양성하며, 이들이 현장에서 사회적 가치를 실현할 수 있도록 전폭적인 지원을 아끼지 않을 것입니다.

11-3 특수청소관리사 자격시험 예상문제

특수청소관리사 자격시험은 특수청소의 기본 이론, 실무 기술, 윤리적 접근 및 법적 이해를 평가하는 시험입니다. 이 시험은 전문성을 갖춘 특수청소 전문가 양성을 목표로 하며, 이론과 실무를 균형 있게 다룹니다. 다음 예상문제는 시험 대비를 위한 학습 가이드로 구성되었습니다.

01 특수청소의 정의로 가장 적합한 것은?

① 일반 가정에서 정기적으로 시행하는 청소
② 특수한 환경에서 위생 및 안전 문제를 전문적으로 해결하는 청소
③ 사무실의 정기적인 환경 관리
④ 주택과 공공기관의 기본 위생 유지 활동
⑤ 산업 현장에서의 기계 청소

정답 ②
해설 특수청소는 고독사 현장, 쓰레기집, 화재, 범죄 현장 등 특수한 환경에서 발생하는 위생과 안전 문제를 해결하기 위한 전문적인 청소 활동입니다.

02 일반 청소와 특수청소의 주요 차이점으로 옳지 않은 것은?

① 일반 청소는 일상적인 공간에서 위생 유지를 목표로 한다.
② 특수청소는 고도의 기술과 전문 장비가 필요하다.
③ 일반 청소는 단순한 청결 유지가 목적이다.
④ 특수청소는 화재나 고독사와 같은 환경에서 행해진다.
⑤ 일반 청소는 감염병 예방을 목적으로 한다.

정답 ⑤
해설 일반 청소는 주로 생활 공간의 청결 유지에 중점을 두며, 감염병 예방은 특수청소가 수행하는 주요 목적 중 하나입니다.

03 특수청소가 '왜' 필요한지 설명하는 사례로 적합하지 않은 것은?

① 고독사 현장에서 발생하는 악취 제거
② 쓰레기집에서 화재 및 질병 위험 제거
③ 대규모 기업 사무실의 정기적인 환경 관리
④ 재난 현장에서의 심리적 안정 제공
⑤ 감염병 확산 방지를 위한 환경 복구

> 정답 ③
> 해설 대규모 사무실의 정기적인 환경 관리는 일반 청소의 범주에 속하며, 특수청소는 고독사 현장, 화재, 쓰레기집 등 민감한 환경 복구를 주로 다룹니다.

04 특수청소의 사회적 역할에 해당하지 않는 것은?

① 감염병 예방 및 지역사회 안전망 구축
② 재난 및 사고 현장의 복구와 심리적 안정 제공
③ 공공 위생 유지
④ 사무실의 일상적인 위생 유지
⑤ 주변 환경의 갈등 완화

> 정답 ④
> 해설 특수청소는 주로 민감하고 특수한 환경 문제를 해결하여 공공 위생을 유지하고 사회적 안전망을 구축하는 데 기여합니다. 사무실 위생 관리는 일반 청소의 범주에 해당합니다.

05 특수청소가 감염병 예방에 중요한 이유로 적합한 것은?

① 사무실 청소 시간을 단축할 수 있기 때문이다.
② 고독사나 쓰레기집에서 발생하는 세균과 병원균을 제거하기 때문이다.
③ 물리적인 환경 복구보다 정신적 안정이 더 중요하기 때문이다.
④ 범죄 현장에서의 증거 수집을 원활히 하기 때문이다.
⑤ 청소에 필요한 전문 장비를 대여하기 위함이다.

> **정답** ②
> **해설** 특수청소는 쓰레기집이나 고독사 현장 등에서 발생할 수 있는 병원균과 오염 물질을 제거하여 감염병 확산을 예방하는 데 중요한 역할을 합니다.

06 특수청소관리사가 담당하는 주요 업무가 아닌 것은?

① 고독사 현장 청소
② 범죄 현장의 증거물 수집
③ 화재 및 재난 피해 복구
④ 악취 및 오염 제거
⑤ 감염병 예방을 위한 청소

> **정답** ②
> **해설** 범죄 현장의 증거물 수집은 수사 기관의 역할이며, 특수청소관리사는 현장 복구와 위생 관리를 전문적으로 수행합니다.

07 특수청소관리사의 자질로 가장 적합하지 않은 것은?

① 전문 장비를 능숙하게 다룰 수 있는 능력
② 강한 체력과 정신력을 겸비한 능력
③ 법적 지식을 갖춘 능력
④ 민감한 상황을 대하는 공감 능력
⑤ 안전 및 위생 관리 지식

정답 ③
해설 법적 지식은 특수청소관리사의 핵심 자질이 아니며, 주요 역할은 전문 청소와 위생 및 안전 관리에 중점을 둡니다.

08 특수청소 상담이 중요한 이유로 가장 적합한 것은?

① 고객과의 계약을 위한 과정이기 때문에
② 현장을 직접 점검할 필요가 없기 때문에
③ 고객의 요구와 현장의 특수성을 정확히 파악하기 위해
④ 상담 과정에서 현장의 오염 정도를 판단하지 않기 때문에
⑤ 상담 없이도 동일한 서비스를 제공할 수 있기 때문에

정답 ③
해설 특수청소 상담은 고객의 요구와 현장의 특수성을 이해하고, 민감한 문제를 다루며 적합한 서비스를 제공히기 위한 필수적인 과정입니다. 이를 통해 신뢰를 구축하고 고객 만족도를 높일 수 있습니다.

09 특수청소 비용 산출 시 "현장의 접근성"이 비용에 영향을 미치는 이유를 서술하시오.

> **정답 및 해설**
> 현장의 접근성은 장비와 인력을 배치하는 데 필요한 시간과 노력을 결정하는 중요한 요소입니다. 접근이 어려운 지역은 장비 이동과 작업 준비 시간이 더 소요되므로, 비용에 영향을 미칩니다.

10 특수청소 작업 전 사전 준비 및 현장 분석이 중요한 이유로 가장 적합한 것은?

① 고객과의 계약을 빠르게 진행하기 위해
② 오염 수준과 자원을 정확히 파악하기 위해
③ 현장 작업 시간을 줄이기 위해
④ 작업 과정에서 발생하는 모든 문제를 즉시 해결하기 위해
⑤ 현장 관계자의 요청을 수용하기 위해

> **정답** ②
> **해설** 사전 준비와 현장 분석은 작업의 성공적인 진행을 위해 오염 수준과 필요한 자원을 정확히 파악하는 데 필수적입니다. 이를 통해 효율적이고 안전한 작업 계획을 세울 수 있습니다.

11 특수청소 작업의 단계적 작업 절차를 순서대로 서술하시오.

> **정답 및 해설**
> - 초기 평가 : 현장을 점검하고 오염 수준 및 작업 범위를 파악합니다.
> - 작업 범위 설정 : 청소 대상 및 필요한 작업 단계를 정의합니다.
> - 작업 준비 및 인력·장비 세팅 : 적합한 장비와 인력을 준비하고 안전 대책을 마련합니다.

12 긴급 상황 발생 시 가장 적절한 초기 대응은 무엇인가?

① 즉시 현장을 떠난다.
② 작업을 중단하고 위험 요소를 제거한다.
③ 현장의 작업을 지속하면서 응급조치를 진행한다.
④ 현장을 복구한 후 나중에 보고한다.
⑤ 응급상황은 작업자 개개인의 판단에 맡긴다.

> **정답** ②
> **해설** 긴급 상황 발생 시 가장 중요한 초기 대응은 작업을 중단하고 안전을 확보하며, 위험 요소를 제거하는 것입니다. 이는 작업자의 안전을 지키고 추가 피해를 예방하기 위함입니다.

13 약품 사용 중 응급상황에 대한 대처 중 잘못된 것은?

① 약품이 피부에 닿으면 즉시 흐르는 물로 씻어낸다.
② 약품이 눈에 들어갔다면 충분히 헹군 뒤 의료진에게 문의한다.
③ 약품을 삼켰다면 물을 충분히 마시고 증상을 관찰한다.
④ 약품 흡입 시 환기를 시키고 신선한 공기를 마시게 한다.
⑤ 약품 관련 응급상황 시 병원으로 이송하며 약품 정보를 제공한다.

정답 ③
해설 약품을 삼켰을 경우, 증상 관찰이 아닌 즉각적으로 병원으로 이송하여 전문적인 치료를 받아야 하며, 약품 정보를 제공하는 것이 중요합니다.

14 특수청소 작업 중 긴급상황 대응 순서로 올바른 것은?

① 작업 중단 → 관련자 보고 → 응급조치 → 작업 재개
② 작업 중단 → 응급조치 → 위험 요소 제거 → 작업 재개
③ 작업 중단 → 위험 요소 제거 → 관련자 보고 → 응급조치 및 작업 재개
④ 위험 요소 제거 → 응급조치 → 작업 중단 → 작업 재개
⑤ 작업 재개 → 응급조치 → 작업 중단 → 위험 요소 제거

정답 ③
해설 긴급 상황에서는 작업을 중단하고 위험 요소를 제거한 후 관련자에게 보고하며, 필요한 응급조치 및 원인 분석을 통해 안전하게 작업을 재개해야 합니다.

15 특수청소 작업에서 가장 우선적으로 고려해야 할 것은?

① 고객의 예산

② 작업자의 안전

③ 작업 속도

④ 사용 약품의 가격

⑤ 작업 범위의 축소

> **정답** ②
> **해설** 특수청소 작업에서는 작업자의 안전이 최우선으로 고려되어야 합니다. 안전은 작업 품질과 효율성을 높이는 기본 조건입니다.

16 특수청소 작업 시 기본적인 안전보호장비에 해당하지 않는 것은?

① 방독면

② 고무장갑

③ 방수복

④ 일반 마스크

⑤ 안전화

> **정답** ④
> **해설** 일반 마스크는 특수청소 작업에서 발생할 수 있는 오염물질을 효과적으로 차단하지 못합니다. 특수청소 작업에서는 방독면과 같은 전문적인 보호 장비가 필요합니다.

17 특수청소에 사용되는 주요 장비와 기능으로 가장 적합하지 않은 것은?

① HEPA 필터 장착 진공청소기 - 공기 중 미세먼지 및 오염물 제거
② 오존 발생기 - 강력한 소독 및 살균
③ 고압 세척기 - 강력한 세척력 제공
④ UV 소독기 - 표면 손상 없이 물리적 오염 제거
⑤ 일반 가정용 진공청소기 - 소규모 쓰레기 제거

정답 ⑤
해설 특수청소 작업은 일반 가정용 진공청소기가 아닌 HEPA 필터가 장착된 전문 청소 장비를 사용해 미세먼지와 오염물을 제거해야 합니다.

18 특수청소 작업에서 약품 사용 후 폐기처리 방법과 주의사항을 서술하시오.

정답 및 해설
약품 사용 후 잔여물은 화학 폐기물로 분류하여 지정된 장소에서 폐기해야 합니다. 밀폐된 상태로 환경 유해 물질의 유출을 방지하며, 일반 폐기물과 혼합하지 않도록 주의해야 합니다.

19 특수청소 작업에서 다목적 세정제와 살균소독수의 사용 특징과 주의사항을 비교하여 서술하시오.

> **정답 및 해설**
> 다목적 세정제는 강력한 세정력을 가지고 있어 표면 오염물 제거에 효과적이며, 과도한 사용은 표면 손상을 유발할 수 있으므로 사용량을 조절해야 합니다. 살균소독수는 병원균 제거에 탁월하지만, 장시간 흡입이나 피부 접촉 시 건강에 유해할 수 있어 보호 장구를 착용해야 합니다. 두 약품 모두 사용 후 잔여물이 남지 않도록 철저히 헹구어야 하며, 어린이나 동물이 접근하지 못하도록 안전한 장소에 보관해야 합니다.

20 특수청소 약품 사용 시 환경 보호를 위한 올바른 행동은 무엇인가?

① 약품 사용 후 폐수는 일반 하수도로 배출한다.
② 약품 잔여물은 일반 쓰레기로 분류한다.
③ 약품 폐기물은 밀폐 후 지정된 장소로 이송한다.
④ 약품을 사용하지 않은 경우에도 폐기물로 분류한다.
⑤ 약품 폐수는 희석 후 아무 곳에나 배출할 수 있다.

> **정답** ③
> **해설** 약품 폐기물은 환경에 미치는 영향을 최소화하기 위해 밀폐하여 지정된 장소에서 처리해야 하며, 일반 쓰레기나 하수도로 배출해서는 안 됩니다.

21 고독사 현장의 주요 특징이 아닌 것은?

① 오랜 기간 방치로 인한 위생 문제 발생

② 악취와 부패로 인한 심각한 오염

③ 유품 정리 시 감정적인 배려 필요

④ 대규모 인원이 동시에 작업해야 하는 환경

⑤ 해충 및 병원균의 발생 가능성

정답 ④
해설 고독사 현장은 일반적으로 개인 주택이나 작은 공간에서 발생하며 대규모 인원이 필요한 환경은 아닙니다. 위생 문제와 유품 정리가 주요 작업 대상입니다.

22 고독사 현장에서 유품 정리 시 가장 중요한 단계는 무엇인가?

① 폐기물 처리

② 유품 분류와 법적 상속자 확인

③ 공간 구조 확인

④ 정리 결과 보고

⑤ 환경법에 따른 폐기 절차 준수

정답 ②
해설 유품 정리의 핵심은 귀중품과 중요 문서를 상속자에게 반환하거나 법적 절차를 지원하는 것으로, 이를 통해 신뢰와 책임 있는 서비스를 제공합니다.

23 특수청소에서 유품 정리 절차의 주요 단계를 나열하고 각 단계의 목적을 설명하시오.

> **정답 및 해설**
> - 현장 점검 : 공간 구조와 유품 상태를 파악하여 작업 계획을 수립.
> - 유품 분류 : 귀중품, 추억의 물건, 폐기물로 구분하여 상속자와 유족에게 필요한 정보를 제공.
> - 법적 절차 지원 : 중요 문서나 물품을 유족에게 인계하며, 필요한 경우 법적 상담과 서류 작업을 지원.
> - 폐기물 처리 : 환경법을 준수하여 적절히 분리수거 및 폐기.
> - 정리 완료 및 보고 : 유족에게 작업 결과를 보고하고, 인수인계를 통해 만족도를 확인.

24 다음 중 고독사 현장에서 유품 정리를 담당하는 관리사가 고려해야 할 사항으로 옳지 않은 것은?

① 상속법과 관련된 기본 지식을 습득한다.
② 감정적으로 유족과 적극 소통한다.
③ 개인 정보를 신중하게 다룬다.
④ 유품의 재활용 가능성을 최우선으로 고려한다.
⑤ 상속자 확인 후 귀중품 반환을 우선적으로 진행한다.

> **정답** ④
> **해설** 유품 정리의 주요 목적은 귀중품과 중요 문서를 상속자에게 반환하거나 법적 절차를 지원하는 것입니다. 재활용은 부수적인 고려사항입니다.

25 특수청소 폐기물 처리와 관련된 법규 준수 사항으로 적절하지 않은 것은?

① 감염성 및 유해성 여부에 따라 폐기물을 분류한다.

② 폐기물은 지정된 장소로 밀폐 포장하여 운반한다.

③ 폐기물 처리 기록은 생략해도 된다.

④ 지정된 폐기물 처리 업체를 통해 처리한다.

⑤ 폐기물 관리법을 준수하여 안전하게 처리한다.

정답 ③
해설 폐기물 처리 기록은 법적 문제 예방과 투명성을 위해 반드시 작성하고 보관해야 합니다.

26 특수청소 관리사가 법적 문제를 예방하기 위한 방법이 아닌 것은?

① 작업 전 동의서를 확보한다.

② 작업 전후의 상태를 기록한다.

③ 개인정보 보호를 철저히 준수한다.

④ 폐기물 처리 기록을 작성하지 않는다.

⑤ 서비스 범위와 책임을 명확히 계약서에 기재한다.

정답 ④
해설 폐기물 처리 기록은 법적 문제 예방에 필수적입니다. 이를 생략하면 분쟁이나 법적 책임을 초래할 수 있습니다.

27 특수청소 시 화학물질을 사용할 때 작업자가 반드시 준수해야 할 규칙을 나열하고, 이를 지키지 않을 경우 발생할 수 있는 결과를 설명하시오.

정답 및 해설
- 준수해야 할 규칙 : 제조사의 사용 지침을 따른다.
　　　　　　　　보호 장구(마스크, 장갑, 방호복 등)를 착용한다.
　　　　　　　　작업 중 충분한 환기를 한다.
　　　　　　　　약품 사용 후 폐기물을 올바르게 처리한다.
　　　　　　　　작업 후 사용 기록을 작성한다.
- 결과 : 규정을 지키지 않을 경우 작업자의 건강 문제가 발생할 수 있으며, 화학적 사고로 인해 작업 환경이 오염될 수 있습니다. 또한, 환경법 위반으로 법적 문제가 생길 위험이 있습니다.

28 특수청소 관리사가 준수해야 할 개인정보 보호 지침이 아닌 것은?

① 고객의 민감한 정보를 외부에 유출하지 않는다.
② 작업 현장의 사진 및 영상을 고객 동의 없이 사용하지 않는다.
③ 개인정보가 담긴 문서를 고객 요청 없이 폐기한다.
④ 작업 후 모든 데이터는 안전한 방법으로 보관한다.
⑤ 작업 현장에서 발견된 모든 개인정보는 즉시 비공개로 처리한다.

정답 ③
해설 고객의 요청 없이 민감 정보를 임의로 폐기하는 것은 문제가 될 수 있습니다. 고객과 협의 후 처리해야 합니다.

29 특수청소 시 개인보호장비(PPE)의 사용 목적이 아닌 것은?

① 작업자의 오염물질 노출 방지

② 유해 화학물질로 인한 사고 예방

③ 작업 속도와 효율성을 높이기 위해

④ 감염 위험을 줄이고 위생을 유지하기 위해

⑤ 현장에서 안전사고를 방지하기 위해

정답 ③
해설 개인보호장비(PPE)는 작업자의 안전과 위생 유지를 위한 필수 요소로, 오염물질과 유해 환경으로부터 보호하고 사고를 예방하는 데 사용됩니다. 작업 속도와 효율성은 PPE의 주된 목적이 아닙니다.

30 특수청소의 공익적 가치를 높이는 방법이 아닌 것은?

① 언론 보도를 통해 특수청소의 중요성을 알린다.

② 특수청소 전문가의 성공 사례를 발표한다.

③ 민간 기업 홍보만을 통해 대중의 관심을 끈다.

④ 사회적 캠페인을 통해 대중의 인식을 개선한다.

⑤ 전문성을 요구하는 직업임을 교육을 통해 알린다.

정답 ③
해설 특수청소의 공익적 가치를 높이기 위해서는 민간 기업 홍보에만 의존하기보다는 언론, 사례 발표, 교육 등 다양한 채널을 통해 대중의 인식을 개선해야 합니다.